起きよ、光を放て。
主は来たりたもう。

Almost Home

A Call to Revival and Reformation

by Ted N. C. Wilson

Nampa, Idaho, U.S.A.

Originally published in English under the title

Almost Home

A Call to Revival and Reformation

Printed in the United States of America

Japanese translation is under License to

Japan Publishing House, TOKYO, JAPAN

推薦の言葉

敬愛するテッド・ウィルソン世界総会総理の説教集『Almost Home』の日本語訳『起きよ、光を放て。主は来たりたもう。』がついに刊行されることになり、心から嬉しく思います。アドベンチスト教会員であれば、誰もが手にし、読むべき本です。

ウィルソン総理は二〇一〇年、その任期を深い悔い改めと再献身から始め、世界のアドンチスト教会を、キリストの再臨に向けて伝道する教会へと導いてきました。特に二〇一五年からの新しい任期では、「Total Member Involvement（全員参加伝道）」を訴え、牧師だけでなく信徒全員も、この終末時代の伝道完結のために献身しようと呼びかけています。

ウィルソン総理は、日本と日本に住む人々の救いにも温かく強い関心を寄せてくださっています。二〇一八年五月には、ナンシー夫人と共に来日し、二週間にわたる伝道講演会に参加してくださることになっています。感謝なことに、彼の祈りの中には常に、この伝道困難といわれる日本が覚えられているのです。

日本教団は今、「起きよ、光を放て。主は来たりたもう!」をモットーとし、日本における「再臨運動の再興」に取り組んでいます。アドベンチスト教会の忠実な一員として、再臨間近いこの日本に、イエス・キリストの義を高く掲げる聖書の純粋な真理の福音を力強く宣べ伝えていきたいと願っています。

ウィルソン総理は、本書の最終章の「前進せよ」ではこう語っています。「終わりの時が近づく今、神は『前進せよ』と命じておられます。キリストとその義とを高く掲げ、神の恵みを宣べ伝えるために、前進しましょう。三天使のメッセージを示すために前進しましょう。リバイバルと改革を求め、前進しましょう。聖書を書かれている通りに読み、前進しましょう。証《あかし》の書《ふみ》の勧告に目を向け、聞き従い、前進しましょう。救いの良き知らせと、間もないイエス・キリストの再臨を伝えるために、前進しましょう」

日本のすべてのアドベンチストが、本書を通して、私たちの唯一の救いであり希望である主イエス・キリストへと思いを向け、新たにその使命に献身することができますよう心より祈りつつ推薦の言葉といたします。

セブンスデー・アドベンチスト教団総理　島田真澄

第1章

仮想現実

一世代前のデジタル機器の類のほとんどが、話題になる程度のものばかりでした。誰かがそれを購入するのは、役に立つからではなく、好奇心からか、あるいは世間に先んじていることを人々に見せびらかすためでした。

しかし、今はそうしたデジタル機器は事実上不可欠なものとなりました。運転する乗用車には車載カメラが、読む本には電子百科事典がついていることが当たり前に思えるようになりました。仕事という点から考えても、知り合いと連絡を取り合い、やるべきことや会う人のリスト、住所録を管理するためにスマートフォンやタブレットPCを用いなければ、効果的に働くこともできず、ましてや他者と競い合うことなどは決してありえません。

軍事の世界を見ても、暗視ゴーグルや、レーザー誘導ミサイル、敵軍の偵察や爆撃だけでなく、有人戦闘機よりも高速で飛び、敵機を撃墜するドローン（無人機）のような技術が知られています。専門家によれば、近い将来、戦車などの攻撃車両の五〇パーセントが遠隔から操作されるようになるとのことです。

そして、仮想現実（バーチャル・リアリティ、人工現実感覚）という技術があります。これは、視覚・音響技術を用いて、どこかで何かをしているかのような（例えば、テニスをしているような）感覚を体験させるものです。飛行機の操縦やレーシングカーの運転をしたり、家の設計図を確かめるため、その図面に基づいて建てられた家の中を実際に歩いているような体験をすることができます。仮想現実は、コンピューターゲームや、軍事・航空技術の訓練、グラフィック・デザインに用いられ、現実の出来事を模擬的に体験させたり、さまざまなものを三次元的に見せたりするため、幅広く活用されています。

これが仮想現実です。しかし、「ほとんど」現実ですが、完全にではありません。

この未知にして不安定な時代にあって、わたしたちは次のような思いを抱きます。わたしたちの世界の見方は科学技術に影響を受けていて、神のことも、現実ではなく、仮想的な存在であるかのように思ってしまってはいないだろうか。わたしたちは、仮想現実のイエスを作り出してはいないでしょうか。それは、自由に操り、望みの形に作り上げ、箱に収めて、必要なとき、求めるときに取り出せるようなイエスです。

仮想的なイエスすら求めない人たちもいます。彼らは、どのような存在であれ、イエスのことを求めていないのです。

しかし、イエスは実際に存在するお方で、わたしたちと実際の関係を持つことを望んでおられます。神は、わたしたちを彼のかたちにお造りになりました(創世記一章二六節をお読みください)。もし、わたしたちがイエスのようであるなら、わたしたちがどのような存在かを見れば、イエスについても何か知ることができます。わたしたちが仮想的にではなく、現実に存在しているのですから、イエスもまた現実の存在であるはずです。

神は、実際に存在しておられ、「風の吹くころ」に現れて、ご自分のお造りになった男女と話をするのを楽しまれるお方です（創世記三章八節）。アダムとエバが罪を犯した後、実在するわたしたちの神は、実在するサタンに語りかけ、世界のすべての者に関係する闘争の真の結果を明らかになさいました。神は、「お前（サタン）と女、お前の子孫と女の子孫の間に／わたしは敵意を置く。彼はお前の頭を砕き／お前は彼のかかとを砕く」と言われました（三章一五節）。ここで神は、ほかの聖句（ガラテヤの信徒への手紙三章一六節など）でも明らかにされているように、現実のキリストが人となり、完全な世界、完全な家郷であった場所に罪をもたらした者を最終的に滅ぼすと宣言なさいました。

「わたしは彼らの中に住むであろう」

キリストは、その誕生の前から人々と交わっておられました。父祖たちに語りかけ、イスラエルと敵国との間に立たれ、シナイ山ではモーセと会い、彼に「わたしのための聖なる所を彼らに造らせなさい。わたしは彼ら（イスラエルの民）の中に住むであろう」と言われました（出エジプト記二五章八節）。

イスラエルの民は、神が人々と会うために聖所を建てました。この聖所は、実際の布と木材、銅や金で作られましたが、これはある意味で、仮想現実だったのです。幕屋は、天にある真の聖所の写しでした。エレン・ホワイトは、「イエスが、われわれのために奉仕しておられるその聖所が本来のものであって、モーセの建てた聖所はその写しであった」と言っています。(1)

ヘブライ人への手紙で、天の聖所は「人間ではなく主がお建てになった聖所また真の幕屋」と呼ばれています(八章二節)。天の聖所も地上の幕屋も、現実の神を表現しており、その愛のうちにどのように人を救われる計画であるかを示すものです。聖所は、わたしたちのために、わたしたちの代わりに死なれた、小羊なるキリストを指し示しています。聖所は、人々のために執り成しておられる大祭司であり、罪を打ち倒されたキリストを指し示しており、これこそが聖所における働きが示している栄光の本質なのです。エレン・ホワイトの言うように、聖所の存在のゆえに、人々の「心はキリストとサタンとの間の大争闘の終結、宇宙が罪と罪人から清められる最終的な清めに向けられた」のでした。(2)

聖所は、現実の人生を送られ、その死によって現実の罪にうち勝たれた、実在のイエスを表すものでした。イエスは、データ修正された十字架で死なれたのでも、仮想的な、画像処理が施された十字架で死なれたのでもありません。彼は、天の父なる神の力に頼ることによってのみ忍ぶことのできる本物の苦悩の中、暴力的な拷問の本物の道具によって死なれたのでした。この実在のイエスが石の墓からよみがえり、実在の天に昇られたのは、真の聖所において、真の大祭司として仕えるためでした。

わたしたちのためになされる神の救いについて、仮想的なものは何一つありません。本物の愛、本物の憐《あわ》れみ、本物の犠牲、すべてが本物なのです。エデンの園にいたアダムとエバが、赦《ゆる》しを得るため、傷のない小羊ののどを切ったときの恐怖を想像してください（レビ記五章五、六節）。それは仮想現実ではありません。彼らが向き合っていたのは現実の問題であり、それはわたしや皆さんのためのイエスの死を示すものでした。パウロはわたしたちに、「血を流すことなしには罪の赦しはありえない」と言っています（ヘブライ人への手紙九章二二節）。本物の武器を持った実在の兵士が、本当にキリストの血を流しました。わたしたちが永遠の命を得るために、キリストは、真の犠牲を払い、罪にうち勝たれたのです。

キリストは、わたしたちに代わって真の犠牲となられただけではなく、天に戻られてから、わたしたちの弁護者、大祭司となられました。ヘブライ人への手紙九章二四節を見てみましょう。パウロはここで、「キリストは、まことのものの写しにすぎない、人間の手で造られた聖所にではなく、天そのものに入り、今やわたしたちのために神の御前に現れてくださった」と述べています。わたしや皆さんのために、実在のキリストが神のみ前に現れてくださっているのです。

キリストに、神のみ前でわたしたちを弁護する権利があるのはなぜでしょうか。パウロは、キリストが来られたのは「御自身をいけにえとして献《ささ》げて罪を取り去るため」であり、「多くの人の罪を負うためにただ一度身を献げられた後、二度目には、罪を負うためではなく、御自分を待望している人たちに、救いをもたらすために現れてくださるのです」と言っています（二六〜二八節）。エレン・ホワイトは、次のように述べています。「神による創造の時から、キリストが執り成しの働きにつかれることは定められており、わたしたちの身代わりと保証人となられることは、永遠の昔から計画されていた」(3)

神が、わたしたちの救いのためにこの計画をお立てになったのは、世界を創造なさる前のことでした。天の作戦司令室で、この計画が発表されたときの静けさを想像できるでしょうか。最高権力者が、揺るぐことのない決意をもって語ります。「われわれは、主イエス・キリストにその生涯を明け渡すすべての者に、救いを与える」

わたしたちの仕える神は、何とすばらしいお方なのでしょうか。

この最高の神は、信仰を抱き、ご自身を信頼するすべての人々と永遠を共に過ごしたいと願っておられ、その実現のために必要なすべてを成し遂げてくださいました。**わたしたちは、インターネットや利用できるすべての方法を用いて、伝えることのできるすべての人たちにこのメッセージを伝えるように、命**

じられています。イエスの存在、罪と死からの救い、その再臨が現実のものであると示すことを、また、人々をイエスへの奉仕へと招くことを、神はわたしたちに求めておられるのです。

神とわたしたちとの契約

神は、ご自身に対してへりくだって献身する者に、このようにおっしゃいます。「『それらの日の後、わたしが彼らと結ぶ契約はこれである……わたしの律法を彼らの心に置き、彼らの思いにそれを書きつけよう。もはや彼らの罪と不法を思い出しはしない』」（ヘブライ人への手紙一〇章一六、一七節。エレミヤ書三一章三三、三四節からの引用）。一九〜二三節でパウロは、わたしたちのためにイエスの血が流されたので、確信を持って「聖所に入れる」と言っています。また、神の家にはわたしたちが含まれており、それを支配する大祭司が今おられるのだから、「信頼しきって、真心から神に近づ」くべきであるとも述べています。パウロは、わたしたちは救いを与えてくださった実在の神への信仰を抱いており、「(「約束してくださったのは真実な方」なのだから)、公に言い表した希望を揺るがぬようしっかり保」つべきであると訴えています。

では、どのようにして、この神と交わることができるでしょうか。仮想現実の世界にあって、わたしたちはどのように本物を見いだすことができるのでしょう。

エリス・ブッシュは、「イエスは山上の説教でモデム*1を使ったのか?」という詩の中で、イエスの存在とわたしたちのためになされたことが現実のものであることや、いかにイエスとつながることができるのかという問いについて考えています。詩の終盤で、彼は問いかけます。「現代社会に感嘆しつつ、何が真かを疑問に思う。素朴な時代の一人の男は、いかにして新しいいのちを与えるのか」。彼はこの問いに答えます。「日々の暮らしの中、神の声が、ときに聞こえにくいなら、パソコンや豪華な機器をしまい、聖書を開いて、心を開きましょう。そして、神に近くまで来ていただきましょう」(4)

イエスの生涯と、わたしたちの救いのため彼が成し遂げたことは、仮想現実ではありません。イエスは実在しています。わたしたちに対するその愛は本物

です。イエスの生涯、死、復活は事実です。天の聖所における執り成しは、実際になされています。そして、言葉と行いを通してこのすばらしいメッセージを他者に証しするという、イエスがわたしたちに与えられた使命は、現実のものなのです。

神の実在を知っていたある人物についてお話ししましょう。しばらく前、わたしは北アイルランドのロンドンデリーという町にいました。プロテスタントとカトリックが、不安定な休戦状態の中で暮らしていました。町の雰囲気に張りつめたものを感じましたが、完全武装し巡回している英国軍や、城塞のように防御された警察や軍の施設が、その緊張感に現実味を与えていました。わたしがそこで見たものは、はっきりと、自分が大変な場所にいるのだということを伝えていました。

当時、ロンドンデリーには多くの活発な教会員がいました。彼らは、マラナタ・ボランティア*[2]によって一九七八年に建てられた教会で礼拝をしていました。わたしはその教会で、アンナという名前のすばらしい教会員に会いました。彼女は、預言の声の講座を通して再臨のメッセージを学び、受け入れ、教会員になってから三〇年ほどたっていました。彼女は、神と、祈りの力が現実のものであることを信じていました。

一九七八年に教会が建てられた頃、ロンドンデリーには三五名ほどの教会員がいました。しかし、時がたつにつれ、ある人は引っ越して町を出、ある人は亡くなり、またある人は情熱を失って教会に来なくなってしまい、最後に教会に残されたのは、アンナだけでした。それはもう、仮想現実の教会とでも呼べるような状態でしたが、アンナが毎週安息日に教会に来ていたので、何とか教会は存在し続けていました。

アイルランド教区は、教会を閉じ、建物を売ることを希望しました。しかし、アンナはそれを断固として拒絶し、教区に対して毎週安息日に説教者を送り続けるように要求しました。彼女は毎週安息日を守り、無神論者の夫が繰り返し反対しても、車で教会まで送るようにと頼み続けました。そして、教会に多くの人を送ってくださるように祈ることを、彼女はやめませんでした。教会とメッセージを大切に思っていたのです。しかし、誰も来ませんでした。

ある安息日、アンナは祈りました。「主よ、一人でもいいので、誰かを教会に連れてきてください」。そして、その次の安息日、マリーがやってきたのです。


マリーは、ロンドンデリーの出身でしたが、夫のロスと出会って結婚し、カナダに住んでいました。彼らは、トロントに住んでいるときにアドベンチストになり、しばらくしてからロンドンデリーに引っ越すことを決めました。

マリーは、ロスよりも数週間先にロンドンデリーで暮らし始め、安息日が来たときには、教会に行こうと思っていました。トロントの教会のように、多くの人がいるだろうと期待していましたが、そこにいたのはアンナ一人だけでした。マリーは失望したかもしれませんが、共に礼拝する人が与えられたアンナは大喜びしました。神が祈りに応えてくださったのです。しばらくしてから、ロスと何人かの人たちも加わり、マリーの妹であるアンも含め、一二名ほどが定期的に教会に出席するようになりました。

ロンドンデリーに住む数人のアドベンチストは、日々困難に直面しています。しかし彼らは、神が本当に存在していることを知っており、再びおいでになるキリストと交わることができるのを楽しみにしています。彼らは、本物の再臨を待ち望んでいるのです。

それは、単なる立体画像ではありません。

それは、ワイドスクリーンテレビの優れた技術によるものではありません。

それは、仮想現実ではありません。

それは、現実のものです。

間もなく、わたしたちは、人の手の半分ほどの大きさの小さな黒い雲を見るでしょう。それは、次第に大きく、明るくなっていき、全天を覆うほどになります。雲のように見えるのは、数えきれないほどの天使であり、その中心に座っているのは、わたしたちすべてのために死んでくださった、本物のイエス・キリストです。天のすべてが、神の得られた勝利を間近で見るために集います。「御子が現れるとき、御子に似た者となるということを知っています。なぜなら、そのとき御子をありのままに見るからです」（ヨハネの手紙一・三章二節）。わたしたちをご自身のかたちに造られたのと同じイエスを、ありのままに見るのです。これは、現実のことです。

イエスは、ご自身が現実の存在であることを他者に伝えるように、わたしたちを召しておられます。イエスは、聖霊の力と導きを与え、わたしたちが彼を証しできるようにしてくださいます。インターネットを通じて、また、わたしたちの生き方や、用いることのできるあらゆる方法を通してイエスを証しするため、献身しましょう。イエスは、わたしたちの主であり、造り主です。救い主であり、弁護者です。友であり、本物の王なのです。

イエスは、偽物ではありません。イエスは、仮想世界の人物ではありません。イエスは実在しています。そして、間もなく帰郷の時が来るのです。

（1）『希望への光』一八一ページ。
（2）同一八二ページ。
（3）Ellen G. White, *Selected Messages* (Washington, DC: Review and Herald, 1958), 1:250.
（4）Ellis Bush Jr., *Did Jesus Use a Modem at the Sermon on the Mount? Inspirational Thoughts for the Information Age* (Mukilteo, WA: WinePress, 1997), 8.

［訳注］
＊1　デジタル・アナログ変調装置
＊2　マラナタ・ボランティア・インターナショナルは、セブンスデー・アドベンチストの自給伝道機関で、世界各地で建築ボランティアの活動をしている。

第2章

み言葉を知る

わたしたちは危機に直面しています。それは、聖書に関する危機です。セブンスデー・アドベンチストは、聖書を神の言葉として信じているでしょうか。それとも、優れた助言と格言を集めただけにすぎないと考えているでしょうか。生きるための手引書でしょうか。それとも、居間のテーブルに飾っておくためのものでしょうか。聖書の権威を認めるでしょうか。それとも、認めないのでしょうか。

詩編記者は、「あなたに罪を犯さないため、私は、あなたのことばを心にたくわえました」と言いました（詩篇一一九篇一一節、新改訳聖書）。詩編記者が「あなたのことば」と言っているのは、神の言葉のことです。わたしたちアドベンチストは、神の言葉を積極的に読み、その語りかけを自分自身で受け止め、他者にも伝えているでしょうか。それとも、み言葉に注意を払っていないのでしょうか。

わたしの自宅には、さまざまな訳の聖書がありますが、特に愛読しているのが、欽定訳（King James Version）聖書です。いくつかの箇所には下線を引き、参考聖句を記し、たくさんのメモを書きこんでいます。当然、わたしはそれらの聖書を大切にします。しかし、わたしの持っている聖書の一つは、豪雨の中、コンゴの中心部に着陸したとき、使えなくなってしまいました。宣教用の航空機の下部まで水が達して機体に浸水し、聖書を入れていたスーツケースも水浸しになってしまったのです。その後、それと似た聖書を探し、何年も使い続けました。カバーがぼろぼろになったときには補修しましたが、最近その聖書を失くしてしまいました。南アフリカで飛行機の中に置いてきてしまったのです。今は、スタディ・バイブルを使っていて、少しずつ慣れてきました。

わたしは聖書を愛しています。聖書はわたしの友なのです。皆さんも、ご自分の聖書について、同じように感じていらっしゃるでしょう。

著名なクリスチャン指導者であり、著作家、また、スイスにあるラブリ・クリスチャン・リトリート・センターの創設者であったフランシス・シェファーは、聖書を心から愛し、聖書から受ける慰めと確信が大きなものであるので、いつもそば近くに置いている、と言っています。彼は暗闇の中、ベッドから手を伸ばせば触れるほど近くに、聖書を置いていたのです。

わたしは、家族とロシアに滞在していたとき、人々がどれほど聖書に敬意を払い、大切にしていたかに気がつきました。共産主義が衰退する前まで、聖書は希少でした。数が少なかったため、人々は進んでリスクを犯し、こっそり国内に持ち込んだのです。ロシアが宗教的に自由な国になってからは、聖書を簡単に入手できるようになりました。それでもロシアのクリスチャンたちは、聖書を大事にしています。手に持っているだけで、喜びがあるのです。

もちろん、聖書崇拝をしているわけではありません。**わたしたちは、聖書を礼拝するのではないのです。わたしたちは、肉となられた言《ことば》、わたしたちの主イエス・キリストを礼拝します。書籍そのものではなく、その中にあるものが**

重要なのです。

セブンスデー・アドベンチストは、これまでずっと聖書を重んじ、「聖書の民」と呼ばれてきました。預言によれば、神の恵みによって、これからわたしたちは再び「聖書の民」として知られるようになります。では、**今、わたしたちの友人は、わたしたちを「聖書の民」として認識しているでしょうか。**わたしたちは積極的に聖書を用いているでしょうか。それとも、献身的なクリスチャンであるかのようにふるまっているだけでしょうか。

ドーソン・トロットマンと共にナビゲーターというクリスチャン団体を設立したロイ・ロバートソンは、第二次世界大戦の初期の体験から、当時の自らの信仰が見せかけのものであったことがわかった、と言っています。彼が乗っていた米軍艦ウェスト・バージニアは、一九四一年一二月六日、パール・ハーバーに停泊していました。ロバートソンは、数人の乗組員と共に下船し、聖書研究会を訪ねました。

聖書研究会のリーダーは、その場にいた人たちに、好きな聖句を暗唱し、なぜその聖句が自分にとって大切なのかを話してほしいと言いました。ロバートソンは焦《あせ》りました。クリスチャン家庭で育ち、週に三回教会に通っていましたが、聖句が一つも浮かんできません。ようやく、ヨハネによる福音書三章一六節を思い出しましたが、先に話した船員がその有名な聖句を暗唱し、コメントしてしまいました。ロバートソンは、ほかの聖句を思い出すことができないと伝え、恥ずかしさのため、まごついたまま座っていました。その夜ベッドの中で、自分の信仰は見せかけのものにすぎないのだという思いが、頭の中を駆けめぐりました。

翌朝七時五五分、船の警報に起こされ、戦闘配置につくようにという指令がありました。それは、日本軍がパール・ハーバーを攻撃した日でした。

ロバートソンと乗組員たちは、機関銃の据《す》えられている場所へと急ぎましたが、そこにあったのは練習用の銃弾だけで、実践用のものではありませんでした。二時間にわたる戦闘の最初の一五分間、彼らは、せめて日本軍のパイロットを脅かして船から離れさせようと、空砲を撃ち続けました。

そのとき彼は、「ロイ、これはお前が今までずっとやってきたことだ。お前は、キリストに向けて見せかけの射撃をしてきたのだ」と思いながら、空砲を撃ち続けていたと言っています。そして、日本軍の銃弾が船体に撃ちこまれる中、彼は、もし生き延びることができたなら、真剣にイエスに従っていくという決心をしたのでした。

終わりの時に近づいているアドベンチストとして、わたしたちは、イエスに向かって見せかけだけの射撃をしながら、自分は大丈夫だと安心してはいないでしょうか。**わたしたちは、キリストに従い、聖書を深く読むことに真剣でしょうか。**「聖書の民」であるふりをしているだけでしょうか。それとも、**誰かに伝えたいと思うほど特別なものとして、神の言葉を受け取っているでしょうか。**

ほこりまみれの聖書

最近、近くの教会の横を車で通ったとき、案内掲示板に書かれているメッセージが目に入りました。「聖書がほこりまみれだと、生活は泥まみれになる」。わたしたちも、聖書がほこりまみれになるほど、忙しくしてはいないでしょうか。

聖書にある終わりの時代の再臨メッセージを託された「聖書の民」として、そのルーツを忘れてしまっていないでしょうか。

エレン・ホワイトの『セレクテッド・メッセージ』の第二巻は、わたしにとって大切な本です。証《あかし》の書《ふみ》は、教会組織と教会員個人に対する大きな祝福です。彼女が、終わりの時代の聖書について語っている箇所を見てみましょう。

聖書を読み、探るときには、人間の知恵以上のものが必要になる。謙遜な心で神の言葉に向かうとき、神は、わたしたちのために不法の事柄を吹き払ってくださる。

人がイエスの近くに身を寄せるとき、信仰によって心にイエスがお住まいになるとき、神のおきてに対する彼らの愛は強められていく。

真の安息日が、文字と声とを通して、人々の前に示されなければならない時は、今である。十戒第四条とそれを守る者たちがないがしろにされ、軽視されるとき、忠実な者たちは、自らの信仰を隠すのではなく、神のおきてとイエスの信仰という、第三天使のメッセー

ジが記された旗を広げ、エホバの律法を高く掲げるのです。(1)

世界のあらゆるしるしが、キリストの再臨が間もないことを教えています。**終わりの時が始まるとき、聖書の役割はますます重要になっていきます。それは神の言葉であり、生ける言《ことば》なるイエス・キリストと、世界とわたしたちの生涯に対する計画を示すものです。**

テサロニケに住んでいたユダヤ人たちは、聖書を深く掘り下げていくことも、福音によって生活が変えられることも、それほど望んでいませんでした。それどころか、彼らは共謀し、暴動を起こしたのです。テサロニケの信者たちは、その騒動の原因という非難を受けるのを恐れ、夜半、パウロとシラスをベレアへ送り出しました。そこで二人が出会ったのは、イエスについての説教に喜んで耳を傾ける、柔軟な心を持ったユダヤ人たちでした。彼らは説教を聞いてから、それが正しいかどうかを確かめるために聖書を深く学んでいたのです。ルカは、ベレアのユダヤ人たちは「テサロニケのユダヤ人よりも素直で、非常に熱心に御言葉を受け入れ、そのとおりかどうか、毎日、聖書を調べていた」と記しています（使徒言行録一七章一一節）。

真理が、ベレアの人々にとって、生き生きとしたものとなりました。誰かに頼ることも、見せかけだけの献身で神に仕えることもありません。彼らは、「日々、霊感によって書かれた記録を調べた。そして、彼らが聖句と聖句を比べる時に、天のみ使いがそのそばにいて彼らの心を照らし、心に感銘を与えた」(2)

今日も、わたしたちが祈る思いで聖書を学ぶとき、天のみ使いたちはそばにいて、わたしたちの心を開くのです。そして、聖霊は、確信と回心を与える生ける言《ことば》キリストへと、わたしたちの目を向けます。

わたしたちは、見かけだけのキリスト教に陥りやすいラオディキアの時代という、終わりの時を生きています。**サタンは、あらゆる手段を用いて、聖書とその教えからわたしたちの注意をそらそうとしています。**娯楽、テレビ番組、気晴らし、仕事、音楽、口論、誤った教え、不和、経済的な問題など、わたしたちの時間を奪い、神の言葉から引き離そうとする、さまざまなものが用いられているのです。

ベレアのユダヤ人たちのような聖書の探究からわたしたちの気をそらそうとする、大きな危険をもたらすものがほかにもあります。それは、「経験という宗教」と呼ばれるものです。これを推奨する人たちは、聖霊とは「感じる」べきものである、と主張します。宗教は「経験されて」、初めて本物になる、というのです。そのようにして、感情や思いが宗教において支配的な位置を占めます。何よりもまず感情を優先するとき、キリストとその言葉に対する信仰に一体何が起こるでしょうか。神が近くにいると「感じ」られないとき、何が起こるでしょう。ベレアではなく、テサロニケのユダヤ人たちのように、聖書を調べるよりも感情に注意を払うようになると、何が起こるのでしょうか。

エレン・ホワイトは、「終わりの時、地上からは真の信仰がほとんど失われていくであろう。単なる見せかけにより、聖書的事実に明らかに反している人間の理性は受け入れられる一方、神の言葉は信用ならないとみなされるようになる」と警告しています。(3)

実際、感情は嘘《うそ》をつきます。真理を知ることができるのは、それを聖書の権威の土台に置くときだけです。神の言葉は決して嘘をつきません。いつでも信頼することができるのです。

パウロはテモテに、聖書は人々に「キリスト・イエスへの信仰を通して救いに導く知恵を……与える」ことができると述べ、その価値を再確認しています（テモテへの手紙二・三章一五節）。使徒パウロはさらに、「聖書はすべて神の霊の導きの下《もと》に書かれ、人を教え、戒め、誤りを正し、義に導く訓練をするうえに有益です。こうして、神に仕える人は、どのような善い業《わざ》をも行うことができるように、十分に整えられるのです」と言っています（一六、一七節）。

エレン・ホワイトもまた、次のように述べています。

わたしたちは、永遠なる世界との境界に立っている。順調な時だけ信仰を持つようなクリスチャンは、この働きに必要とされていない。感情や好みに左右される宗教は、この時に必要ではない。わたした

ちの信仰と真理の宣教には、真剣さがもたらされなければならない。(4)

聖書は、わたしたちの内に、信仰と証に対する真剣さを造り出すことができます。それは、神がセブンスデー・アドベンチスト教会に与えておられる宣教使命を、わたしたちにはっきり理解させるという形でなされます。三天使のメッセージを全世界に宣べ伝えるという使命です。聖書の言葉には、真理の響きがあります。神の言葉は、力強いものなのです。

時間の良い用い方

聖書と永遠に価値あるものを学ぶことには、つまらないものに時間を費やすことでは得られない、肉体的、精神的なメリットがあります。エレン・ホワイトは言います。

今日小説を読んだために幾千という人が心の均衡を失って精神病院に入っています。彼らは……恋愛病にかかっています。聖書は書

物中の書物であって、生命と健康を与え、神経をやすませ、心の安定と堅固な原則とを与えます。(5)

数年前、わたしの義理の父であるドン・ヴォルマー医師のもとに、フィル・コリンズという患者がやってきました。彼は、教会員ではありませんでした。彼の父は、ワシントンDCの造幣局の局長で、彼自身も引退した公務員でした。若いころは、J・エドガー・フーバー[*1]と同じ法学大学院で、クラスメイトではありませんでしたが、共に学びました。彼は引退するにあたって、精神的な衰えを防ぐためには何をすればよいのかをヴォルマー医師に尋ねました。医師は、考えをしっかり保ち続ける一番良い方法は、聖書を読むことだと伝えました。彼は、言われたとおりに聖書を読み、そのままアドベンチストの教会員となったのです。彼は、ヴォルマー家の親しい友人となり、ノース・カロライナ州アッシュヴィルのフォスター記念教会の忠実な教会員となりました。九〇代前半で亡くなる直前まで、彼の頭脳には鋭さと快活さがありました。

アーサー・マックスウェルによる物語に、古代ギリシャのある裕福な農夫が出てきます。死の間際、農夫は息子たちにこう言い残しました。「わたしの宝が畑に埋めてある。金持ちになりたいなら、掘り出しなさい」

息子たちは、父が鉄の箱に金を入れ、農場のどこかに埋めたのだろうと思い、はやる思いで探しに出かけました。畑中の土を掘り返し、持っているすべての道具を使って、鋤《すき》が届かなかったような深さまで掘り続けましたが、宝箱の気配はありません。

春が来ると、彼らは小麦を植えるために、宝を探すのをやめました。夏が来て収穫の時期になったとき、その収穫量は大変なものでした。これほど収穫が多かったことは、かつてありません。地面を徹底的に掘り起こしたことで、望んでいた富を得ることができました。年老いた賢い父の計画は成功したのです。

わたしたちも多くの財産を相続していますが、それは聖書の中に埋められています。あの息子たちが徹底的に畑を調べたように、丹念にこの聖なる書物を調べる必要があります。**ベレアのユダヤ人たちが丁寧に聖書を調べたように、**

あらゆる霊的助けを用いながら、聖書を掘り下げていくのです。そうするとき、わたしたちは真の宝を発見することができます。神の言葉を通して、何よりも大きな宝であるわたしたちの救い主イエス・キリストとの対面が可能となります。

聖書は、キリストの生涯、死、復活と、天の至聖所においてわたしたちのために進めておられるその働きに完全により頼むことによってのみ、救いを得ることができるということを明らかにしています。聖書は、安息日がキリストの特別な証印であり、戒めを守る人々との契約であることを伝えています。また聖書は、救い主であるキリストが実際に来られるというわたしたちの信仰と希望が確かなものであると述べ、キリストが間もなく来られるということを確証しています。

その動機は

わたしの母が使っていた聖書の中に、「汝、いかに読むか（How Readest Thou?）」(6) という題の詩があるのを見つけました。その始まりは次のようなものです。「聖書を読み通すのは大切なこと。しかし、読み、学び、実行することを忘れてはいけない」。詩の続きには、人々が聖書を読むさまざまな動機が記されていました。義務を果たすため、評判を高めるため、隣人のしていることをまねるため、矛盾を見つけるため、すでに持っている信念を証明するため、などです。

皆さんはどのように聖書に取り組んでいるでしょうか。キリストとその真理を見いだすためでしょうか。それとも、ほかの理由で読んでいますか。**神の言葉を、正しい方法で、正しい動機から読むことは重要です。それは、終わりの時の困難を乗り切るために不可欠なことを、聖書が語っているからです。**聖書は、わたしたちの仕えている神が必ずみ心を成し遂げるお方であり、神の教会はサタンの攻撃に打ち勝つのだという信仰を強くします。わたしたちは、すでにそのような攻撃にさらされていますが、それはますます激しくなります。教会には、背教と偽《にせ》の教えが広がるでしょう。しかし、神の言葉は固く立つのです。

エレン・ホワイトは、次のような警告を残しています。

わたしたちは、終わりの時代の危機の中に生きている。うわべだけの信仰は、うわべだけの体験に終わる。……すべての人が、自ら個人的に真理を理解することの必要性を知るべきである。……ダニエル書と黙示録を調べ、聖句を綿密に学ぶことの必要は大きい。……背教はすでに起こっているが、かつて主は、この類《たぐい》の問題が大きくなるのを許されていた。それは、人が、そのとおりかどうかを調べた素直なベレアのユダヤ人たちのように自分たちで聖書を調べることをせず、他人の言葉に依存するときに、容易に欺かれてしまうということを示すためであった。(7)

ベレアのユダヤ人の模範に従うときにのみ、わたしたちは試練を耐え抜くことができます。聖書だけが、わたしたちの信仰を築き上げることのできる堅牢《けんろう》な土台であることが証明されているからです。サタンは、セブンスデー・アドベンチストが大切にする道標となる真理への確信を失わせるために、あらゆる策を講じるでしょう。しかし、それが成功することはありません。**キリストの教会は、打ち砕かれることも、倒されることもありません。サタンはさまざまな手段で神の教会を消し去ろうと試みますが、それが実現することはないのです。**

紀元三六〇年、フラウィウス・クラウディウス・ユリアヌスが、皇帝の座に就《つ》きました。彼は、ローマ世界を「キリスト教化」した皇帝コンスタンティヌスの甥《おい》にあたります。ユリアヌスは、帝国内の異教礼拝を再び確立しようとしたことで、後の世代から「背教者ユリアヌス」として知られています。彼は、「ガリラヤ人」と彼が呼んでいたクリスチャンを公然と迫害し始め、コンスタンティヌスが彼らに与えていた法的な保護を無効にしてしまいました。

ユリアヌスは、アガトンという名の献身的なクリスチャンと共にアテネの町で教育を受けました。クリスチャンを迫害していたユリアヌスですが、友人であるアガトンを宮廷に招き、働かせました。ユリアヌスはたびたび、この友人のことをからかいました。ある日、裕福なローマ人が大勢いる前で尋ねました。「アガトン、ナザレから来たお前の大工はどうしている。最近何か仕事はあるか?」

アガトンはほほ笑んで答えました。

「今彼は、忠実な者たちのための家を建てる手を止めて、あなたの帝国のための棺《ひつぎ》を作っているでしょう」

それから二年もしない紀元三六三年六月二六日、ユリアヌスはペルシャ兵の槍《やり》を腹部に受け、今にも息が絶えそうになっていました。彼は自らの部隊を率い、古代のペルシャ帝国の征服を試みたのです。そして、自分の血に赤く染まる一握りの砂をつかみ、天に向かって投げ、最後の言葉を口にしました。

「ウィキスティ・ガリラーエ（Vicisti, Galilaee）」

これは、「ガリラヤびとよ、汝は勝てり」という意味です。ローマ帝国は、遠い昔、歴史のほこりの中に消え去っていきました。しかし、あの大工の帝国は続き、彼の栄光に満ちた再臨とその後も、永遠にいたるまで続いていくでしょう。

主はその民が、彼の力によって真理の擁護者となることを望んでおられます。**わたしたちは、「教会はどんなに弱く、欠陥だらけのように見えても、キリストがこの地上において最高の関心を払われる唯一の対象である」ということを忘れてはいけません。**(8)わたしたちは、キリストの旗を掲げ、神がこの時のために与えてくださった特別な聖書のメッセージを宣べ伝えなければなりません。

わたしたちはセブンスデー・アドベンチストであり、その名を恥じるべきではない。一つの民として、真理と義に固く立たなければならない。信仰の創始者また完成者であるイエスを見つめなければならない。

セブンスデー・アドベンチストの信仰と、週の第一日目を守る者たちとの違いを目立たなくするために、あらゆる策略が用いられるであろうということが、わたしに告げられた。全世界がこの論争に関与しており、時は短い。今は、わたしたちの旗を降ろす時ではない。(9)

神の恵みにより、そのみ言葉を擁護し、言《ことば》なるキリストを高く掲げましょう。命を得るために聖書に目を向け、それを信仰の土台としましょう。戦いに直面しているわたしたちは、自分たちが何を信じているかを知らなければなりません。

真に価値あるもの

数年前、ニカラグアのサンディニスタ*2が活発で力を持っていたころ、ある牧師と教会長老が山奥に住む教会員を訪問するため、移動していました。すると、一二〇人の兵士を連れたサンディニスタの士官が彼らを止め、車から出るよう命令しました。士官は車を探り、聖書と賛美歌集を見つけて、尋ねました。「お前たちは、どこに行くのだ?」

牧師は答えましたが、士官は「お前たちは、スパイだろう」と言って、信じませんでした。たいていの場合、サンディニスタは、スパイであると疑った人に自分の墓を掘らせ、射殺するのです。

士官は、賛美歌のページをめくりながら、尋ねました。「この『神よ、み前に』という曲を知っているか?」

「知っている」

「そうか、歌ってみろ」

牧師と教会長老の歌う声が、兵士たちの心に触れました。

次に、士官は聖書を手に取り、開きました。

「詩編九一編を知っているか?」

「知っている」

「暗唱してみろ」

士官が迫ると、牧師は詩編九一編を暗唱しました。

士官は驚いていましたが、まだ疑っていました。ヨハネによる福音書一四章やコリントの信徒への手紙一・一三章などを選び、その内容について尋ねました。そして、マタイによる福音書四章を見つけました。そこには、キリストが弟子たちを召し出された話があります。

「この話を知っているか？」

「知っている」

「それなら、説教をしろ」。士官は命令しました。

牧師は一五分～二〇分ほど力強く語り、心を探らせるような形で説教を終えました。「この出来事は、当時の弟子たちで終わるものではありません。キリストは、世界中のすべての人が、ご自身に従うことを望んでおられます」

牧師は兵士たちに、キリストに従うように訴えかけました。心のかたくななな彼らの目には、涙が浮かんでいました。

牧師が説教を終えると、士官は、二人が牧師と長老であることは十分わかったこと、また、「もし、クリスチャンであることをお前たちが証明できなければ、殺していたであろう」と言い、かつて自らもクリスチャンであり、聖書を信じていたが、信仰を失ってしまったと告白しました。
「わたしはお前たちを尊敬するし、お前たちには人々を助けることができると信じている。山奥に行く必要のあるときは、いつでも連絡をしてくれ。兵士たちを一緒に行かせるようにする。お前たちだけで行くのは危険だから」

聖書を知り、自分たちが何を信じているかを知ることとは、わたしたちの助けになります。**神がわたしたちと世界中のすべての人に知らせたいと思われているメッセージが、聖書に書かれています。不確かな未来に向き合うわたしたちが頼ることのできる錨《いかり》は、聖書だけです。**

イエスは間もなくおいでになります。しかし、サタンは、キリストがお帰りになるというこの驚くほどすばらしい出来事さえ、それが起こる前に自らまねようとするのです。実際に目で見ることでさえ、信じられなくなる時が来るでしょう。ですから、わたしたちの信仰を、神の言葉に完全に結び続けることが必要です。

聖書を日々学びましょう。
知りましょう。
大切にしましょう。
読みましょう。
信じましょう。
教えましょう。
証ししましょう。
そして、愛しましょう。

聖書が生活の中で生きるようにしましょう。パウロの言うように、「キリストの言葉があなたがたの内に豊かに宿るように」しましょう（コロサイの信徒への手紙三章一六節）。

帰郷の時が近づいています。神の大いなる再臨運動の一員として、神の言葉を心におさめ、「聖書の民」となることで、ラオィデキアの危機を克服しましょう。そして、聖霊に力づけられ、神の言葉を人々と分かち合いましょう。

（1）Ellen G. White, *Selected Messages* (Washington, DC: Review and Herald, 1958), 2: 367-369.
（2）『希望への光』一四四三ページ。
（3）Ellen G. White, *The Spirit of Prophecy* (Oakland, CA: Pacific Press, 1884), 1:89.
（4）White, *Selected Messages*, 2:382.
（5）『安息日学校への勧告』一九ページ。
（6）作者不詳。
（7）White, *Selected Messages*, 2: 392-394.
（8）Ibid. 396.（『希望への光』一三六〇ページ参照）
（9）Ibid. 384, 385.

［訳注］
＊1　アメリカ連邦捜査局初代長官。
＊2　サンディニスタは、ニカラグアの民族解放戦線の一つ。

第3章

神からの驚くべき贈り物

「サタンの最後の惑わしは、神の霊の証《あかし》を影響のないものにすることです。……サタンは巧みにいろいろな方法で、種々の働きを通して神の残りの民の、真の証に対する確信を揺るがそうとして働くでしょう」(1)「間もなく、神のみ霊の真理を割り引きし、曲げようとするあらゆる努力がなされるでしょう。私たちは一八四六年以来、神の民に与えられてきた明瞭で率直なメッセージを喜んで受け取らなければなりません」(2)

エレン・ホワイトははっきりしています。帰郷の瞬間が近い時、世界が大争闘の最後の戦いに入ろうとしている時、サタンは「神の霊の証」、つまり、預言の霊(証の書《ふみ》)への確信を揺るがすことで、神の民の歩みを阻もうとします。

なぜでしょうか。なぜ預言の霊は、サタンが最後まで戦い続けるほどに、彼にとっての脅威となるのでしょうか。

聖書において、「預言の霊」と「イエスの証し」は等しいものとされています（黙示録一九章一〇節参照）。わたしたちの主の証です。しもべのかたちをとり、十字架の死にいたるまで、自らを低くされた神なるお方の証です（フィリピの信徒への手紙二章参照）。この主こそ、肉となられた言《ことば》（ヨハネによる福音書一章参照）であり、聖書を与え、預言の霊をお与えになったお方です。

誤解してはいけません。預言の霊（証の書）が聖書であるとか、聖書と同等であると言っているのではありません。エレン・ホワイトによれば、証の書は聖書にとって代わるものではなく、人々を聖書へと導くためのものです。しかし、証の書は、聖書を与えたのと同じ霊によって生み出されたものであると理解することは大切です。聖書と同様、「イエスの証し」なのです。

エレン・ホワイトは言います。

預言のみ霊に対する信徒の信仰を固くするため、聖霊を通して神の声が警告と教訓を与えてきました。「私の民がその立場に対する信仰を固くするために、私が与えたことを書きなさい」という言葉が繰り返し語られました。時がたち、いろいろな試みが来ても、与えられた教訓は無効にならず、苦しみと自己犠牲の年月を通して、証の真理が確立されてきました。初期に与えられたメッセージの教訓は、この終末の時代にも安全な導きなのです。(3)

このイエスの証し、預言の霊は、再臨運動の要《かなめ》です。これは、神からの驚くべき贈り物であり、キリストとキリストによって表されているすべて、その救い、恵み、天の至聖所においてなされている働きに基づくものです。証の書は、再臨を待つ人たちにイエスが知らせたいと望んでおられることを伝えています。イエスがいつ来られるかはわかりません。イエスは、父だけがそれを知っているとおっしゃいました。しかし、わたしたちはイエスが間もなく来られるということは知っています。わたしも心からそう信じています。この古き世において起きていることのすべてが、大争闘の最後の局面が始まろうとしていることを示しているのです。

発信者番号通知

わたしはここで、預言の霊が真実だと納得してもらいたいという以上に、再臨が間近に迫った今日を生きる私たちにとって重要だということをお伝えしたいのです。これは、神から教会への「発信者番号通知」のようなものです。残りの教会の特徴を示すしるしの一つなのです。

番号通知は便利なものです。妻のナンシーも、これを活用しています。誰からの着信かわかれば、応えるか留守電に回すかを選択することができます。娘たちは、何人かの発信者に対して、特別な着信音を設定しています。着信音を聞くことで、誰からの電話かがわかるのです。

黙示録一二章一七節は、神の残りの民を示す、便利な番号通知です。「竜（蛇、悪魔、サタン。九節参照）は女（神の教会）に対して激しく怒り、その子孫の残りの者たち（終りの時代に生きる神の民と教会）、すなわち、神の掟《おきて》を守り、イエスの証しを守りとおしている者たちと戦おうとして出て行った」

このように、**終わりの時を生きる神の民には、二つの目立った特徴があります。まず、彼らは、極めて重要な第四条を含む神の掟を守っています。**第四条は、神がどのようなお方であるか（宇宙の造り主）を表すもので、守ることによって神への忠誠が表現されます。この聖なる日は、神の民と神とを永遠に結びつけるしるし、刻印です。エレン・ホワイトは、終わりの時代に起こるさまざまな出来事の中で、安息日は重要な役割を果たすと言っています。「安息日問題は、全世界が参加する最後の大争闘の争点となる。……神は踏みにじられたご自分の安息日の旗を高く上げるようにわれわれに呼びかけておられる」(4)

安息日は、神によって清められた、週ごとの特別な休息の日です。創世記二章の創造の記録の最後の部分に記され、シナイ山で授けられた十戒において再び強調されました。これは、わたしたちの信仰にとって、また、わたしたちの名前にとっても、欠かすことのできないものです。

先日、ある献身的な教会員から、教会は、わたしたちの信仰の「第七日安息日」という要素を意図的に軽視しているのではないか、という指摘を受けました。それは、多くの教会員が「セブンスデー（第七日安息日）」をつけず、ただ「アドベンチスト」という名称だけを用いているからです。わたしは彼に、教会は決して第七日安息日を意図的に無視しているわけではないと言って安心させると同時に、可能な限り、いつでもどこでも、わたしたちのフルネームを用いるべきだという彼の考えに同意すると伝えました。

安息日を守ることは、キリストの望んでおられる関係がどのようなものであるかを象徴していますので、第七日はとても大切なものです。安息日を守るということは、天国に行くために機械的に律法に従うということではありません。それは、造り主であり救い主であるお方への愛と忠誠とを示すしるしなのです。

神の残りの教会の二つ目の特徴は、「イエスの証し」を持っているということです。黙示録一九章一〇節には、それが「預言の霊」であると書かれています。預言の霊は、霊の導きを与える主からの偉大な賜物です。

「残りの教会の特徴」という研究論文の中で、ゲルハルト・ファンデルは次のように説明しています。「黙示録一章二、九節、一二章一七節、二〇章四節では、『イエスの証し』という言葉が、『神の言葉』あるいは『神の戒め』という言葉とバランスよく対称的な位置に置かれている」。(5) つまり、神の戒めとイエスの証し(預言の霊)とは、同じ源、天から出ているということになります。

ファンデル博士は続けてこう言っています。

「神の言葉」「神の戒め」という表現と「イエスの証し」という表現の並行関係は、後者を理解するために重要なものである。ヨハネの時代、「神の言葉」は旧約聖書を指しており、「イエスの証し」は、福音書の中でイエスが話されたことや、ペトロやパウロら主の預言者によって語られたことを指していた。(6)

黙示録一二章一七節によれば、神は、地球歴史の終わりの時代には、イエスの証し、つまり、預言の霊を通してその残りの民に語られます。わたしたちは、弱き器として用いられたエレン・G・ホワイトの働きと著作によって、これが成就したと信じています。

アドベンチスト・レビュー誌に掲載された記事の中で、ホワイト著書管理委員会（Ellen G White Estate）元所長であるファン・カルロス・ヴィエラは次のように述べています。

「イエスの証し」という表現は、人々との交流の手段と、親しい関係を保つことを願われている、愛ある救い主を指すものです。この表現から、この賜物の中心にはイエスがいること、また、この賜物を通して、イエスがわたしたちとの神聖な関係を永遠に続けたいと思っておられることがわかります。(7)

預言の霊は、天からの指導を与えることで、この終わりの時代の運動を養い、助けるために与えられました。神は預言の霊を通して、神を何よりも愛し、その掟に従うセブンスデー・アドベンチストという残りの民を立ち上げるため、導きを与えました。神は、エレン・ホワイトを通して語られる預言の霊を用いて、生まれたばかりのこのグループを養い、多数の教会員を要する世界的な教会へと成長させたのです。

無関心

多くのアドベンチストが、証の書に記されている神の勧告に従ってこなかったのはなぜでしょうか。証の書に対して反感を抱く人たちもいましたが、皆がそうであるわけではありません。**最も深刻な問題は、無関心です。証の書を通して与えられている神の勧告に従わないのは、それをよく知らないからです。**読まないか、読んだ内容を無視しているからです。

エレン・ホワイトは次のような忠告を与えています。

『預言のみたま』（現行の大争闘シリーズの前身）と『証』は、安息日を遵守《じゅんしゅ》するすべての家庭に入れられるべきです。そして、兄弟たちは、その価値を知り、読まなければなりません。これらの書籍の発行数を少なくし、教会に一セットだけ備えておくのは、賢明ではありません。この書籍は、すべての家庭の本棚に置かれ、繰り返し読まれるべきです。多くの人に読まれる場所に備え置き、すべての隣人に読まれ、擦《す》り切れさせるべきです。……『預言のみたま』を

近隣の人々に貸し出し、彼らが購入するよう説得するべきです。(8)

実際、エレン・ホワイトは、大争闘シリーズは「国中のあらゆる家族が持つべきものである」と言いました。(9) これこそ、教会の出版社と文書伝道者が今行っていることで、わたしたち皆が取り組むべきことです。

神の民が、天来の使命を達成するための手段として、出版・健康・教育事業に従事する際、その助けとして、預言の霊が用いられてきました。預言の霊は、教会の牧会的、伝道的、宣教的、また、行政的な発展にきっかけと導きを与えてきました。事実、証の書には、神学や生活習慣、個人の健康、家族関係や家庭生活、青年、人間関係、個人の財産管理など、人生のあらゆる側面に関する勧告が含まれています。天の力は、今日もなお神の民を導いていますが、それは主のお帰りになる時まで続けられるのです。

セブンスデー・アドベンチスト教会は、単なるキリスト教の一つの教派ではありません。これは、天によって生み出された運動であり、神聖な目的を持っています。それは、三天使のメッセージを世界に伝えるという目的です。エレン・ホワイトは次のように述べています。

セブンスデー・アドベンチストは、特別な意味で、見張り人《びと》であり、光を掲げる者としてこの世に置かれている。滅びゆく世界に対する最後の警告が、彼らに託されているのである。彼らは、神の言葉から流れ出るすばらしい光によって照らされている。そして、もっとも厳粛で重要な働き、つまり、第一、第二、第三天使のメッセージを伝えるという働きが与えられている。これほど重大な働きはない。彼らは、ほかのことに心を奪われてはいけないのである。(10)

終わりの時代の神の教会にとってこれほど大切な預言の霊を、サタンが攻撃することには何の不思議もありません。次の警告に注目してください。

証に対するサタンの憎しみが燃え上がるでしょう。サタンは証に対する教会の信仰を揺るがすように働くでしょう。それは、もし神

のみ霊の警告や譴責《けんせき》、勧告に心が向けられるなら、サタンは魂を惑わすことができなくなるからです。(11)

預言のみたまを通して与えられた指示に従わなければならない。現代のための真理を大事にして、これに従わなければならない。そうすることによって、強力な惑わしを受けることから救われるのである。神はみ言葉を通してお語りになった。また、われわれの現在の義務や、占めなければならない立場を明らかに知る助けとなった教会へのあかしや、そのほかの書物を通して語っておられるのである。(12)

この「占めなければならない」立場とは一体何でしょうか。イエス・キリストの血と恵みにより、わたしたちは女の「残りの者」となるよう召し出されました。これは、キリストと真理に固く立ち、この再臨のメッセージを伝え、イエスの証しを持ち、人々の関心を、すべての真理の中心であるイエスへと向けさせるための、目的地のある特別な運動です。聖霊の力によって、人々を神に対する真の礼拝へと引き戻すのです。

わたしたちは、イエスを高く掲げなければなりません。エレン・ホワイトは言います。

わたしたちの信仰は、すべての魅力と愛なるものの中心であるイエスを見上げることによって増し加えられる。天を瞑想すればするほど、地上のものは望ましくなくなり、魅力を失う。信仰の目をもって、わたしたちの永遠の命という希望の中心であるキリストを見つめ続ければ、わたしたちの信仰は成長するのである。(13)

教会員同士で、また、まだ教会に加わっていない人に対しても大きな働きをするよう、教会が召されていることを理解しなければなりません。ふるわれ、より分けられる時が来ています。それは、キリストが命じられているように、最後の大いなる叫びに携わるよう、神の民を備えさせるものです。キリストとその言葉を高く掲げましょう。世界歴史の終わりの日々が始まる今、証の書という偉大なる賜物を受け入れましょう。**聖霊の導きのもと、神の言葉と証の書は、わたしたちを十字架の下の全き謙遜へと導いていきます。**それによって、神は、その民を待ち受ける信じられないほどすばらしい出来事へ備えさせるためにお働きになることができるのです。

待ち受けているものとは

エレン・ホワイトは、間もなく起ころうとしていることを次のように描写しています。

わたしは、神の民が非常に激しくふるわれているのを見た。ある人々は、強い信仰と苦悩の叫びをもって神に嘆願していた。……ある者は……無関心で不注意なように見えた。
わたしは、わたしが見せられたふるいの意味を尋ねた。そしてわたしは、率直なあかしが、ラオデキヤに対する真の証人の勧告によって呼び起こされ、ふるいを起こすことを示された。このあかしは、受ける者の心に影響を及ぼし、標準を高めさせ、率直な真理を語らせ続ける。ある人々は、この率直なあかしに耐えられず、これに反抗する。これが、神の民の間でふるいの原因となるのである。真の証人のあかしは、半分も心に留められてはいなかった。教会の運命がかかっている厳粛なあかしが、完全に無視されたのではないにしても、軽く評価されていた。このあかしが、深い悔い改めを起こさせなければならない。真実にこれを受け入れる者は、これに従って清められる。(14)

わたしはなぜ預言の霊を信じているのでしょうか。

わたしは、この偉大な賜物に対して深い敬意のある家庭で育ちました。父であるニール・C・ウィルソンは、いつもこの賜物について情熱的に、肯定的に語っていました。わたしがラシエラ大の一年生だったころ、父が送ってくれた手紙には、『キリストへの道』からの引用があり、わたしはその言葉を大切にしていました。母もまた、神の言葉と証の書に対する固い信頼を持っていました。両親が証の書を軽く見ていたという記憶はありません。わたしの妻もまた、証の書を毎日読み、そのアドバイスを家庭生活に適用することによって、その賜物に対する信頼を表しています。

私は、両親によって教えられ、心に抱きはじめた証の書への信頼から一歩進んで、自分自身でその勧告と明快な教えへの深い感謝の念を体験しました。証の書を読むときはいつでも、それが神の霊の導きのもとに書かれたのだという証拠を見つけることができます。イエスの証であるという証拠です。証の書は、わたしの人生と働きへのすばらしい祝福です。

わたしはなぜ預言の霊を信じているのでしょうか。

一八七〇年頃、スコットランドの長老派教会員であったウィリアムという人物が、アイルランドからアメリカに移住してきました。彼と、アイルランド出身の妻イザベラは、フィラデルフィアに住み、ウィリアムは機関車製造の技術者として働きました。しばらくして、二人は西に向かい、巨木のそびえ立つ北カリフォルニアを目指しました。ウィリアムはそこで、材木関係の仕事をします。最終的に、彼とイザベラはヒルズバーグ近郊に落ち着き、果樹園と牧場を所有し、雑貨店も営むようになりました。

一九〇五年、ウィリアムは、ヒルズバーグ近くにあるロシアン・リバーの北側に、いくつかのテントが張られているという話を耳にしました。彼は、おそらく町に来たサーカスだろうと思い、四人の息子たちを連れて行くことにしました。そこで、それがセブンスデー・アドベンチストのキャンプミーティングであることがわかったのです。

彼は、すでにアドベンチストであったイザベラに誘われ、集会に行くことにしました。そこでは、エレン・ホワイトが説教をしていました。彼女は、罪人が救い主を必要としていること、そして、キリストの力によって生活が変えられることを語りました。説教の終わりに、彼女は会衆に向かって、イエスを救い主として受け入れるよう訴えかけました。イザベラは驚きました。特に宗教的ではなかったウィリアムが、主に心を明け渡す決心をしたのです。

彼は、この貴い再臨のメッセージを一年ほど学んでから、安息日に店を閉める決意をし、将来を神にゆだねました。学びの結果、セブンスデー・アドベンチスト教会が信じているほかの教理に関する聖書的基礎についても納得した彼は、バプテスマを受け、教会員となりました。やがて、彼はヒルズバーグ・セブンスデー・アドベンチスト教会の第一長老となり、さまざまな必要を抱えた人々を惜しみなく支える人物として知られるようになりました。

ウィリアムとイザベラ・ウィルソンは、わたしの曾祖父《そうそふ》・曾祖母《そうそぼ》にあたります。わたしの祖父は、幼い頃にエレン・ホワイトが農場の自宅に来たことを覚えています。彼女は、足元に座る幼い祖父や兄弟たちに物語を語って聞かせました。ウィルソン家に大切な再臨メッセージの知識がもたらされたのは、エレン・ホワイトが行った直接的で実践的な伝道活動の結果です。証の書それ自体が有益であると同時に、その価値は、彼女の証の働きによってさらに個人的なものとなったのでした。

わたしたちの責任

再臨に対する信仰を抱き続け、その備えをすることは、一般信徒であっても、牧師・教師であっても、すべてのセブンスデー・アドベンチストに与えられている責任です。エレン・ホワイトは、次のような思想で、わたしたちを励ましています。

キリストが、われわれの世界におもどりになることは、あまりおそくはならない。これを、すべてのメッセージの基調にしなさい。

抑制する神の御霊は、今すでに、この世界から取り去られつつあるのである。旋風、あらし、大暴風雨、火事、洪水、海陸の災害は、相次いで矢継ぎばやに起こる。……

サタンは、世界に近づいている全体的な破滅に、神の残りの民を巻き込もうと望んでいる。キリストの再臨が近づくにつれて、彼らを敗北させようとするサタンの努力は、更に強力に、決定的になる。……

われわれの目前には、サタンが、「あらゆる偽りの力と、しるしと、不思議と、また、あらゆる不義の惑わしとを」もって、神の御性格を誤って伝えるために働き、「できれば、選民をも惑わそう」とする大争闘の終結となる激しい戦いがひかえている。この危険な時代にあって、世の人びとの前に、神の清い律法の管理者となり、神の御品性を弁護するために、神によって集められた人びとは、どの時代にもまして天からの光を受けなければならない。神聖な責任をゆだねられた人びとは、彼らが信じると告白する真理によって、霊的になり、向上し、活気に溢《あふ》れなければならない。(15)

預言の霊は、この大切な再臨の真理を宣べ伝えるために、ためらわず献身するように、わたしたち一人ひとりに呼びかけています。それは、三天使のメッセージであり、キリストとその義、そして神に対する真の礼拝を人々に示すものです。預言の霊は、神が今日ご自身の教会をお持ちであることを思い出させます。その教会について、神は黙示録一二章一七節において詳しく説明しています。神の戒めを守り、イエスの証し、つまり、預言の霊という大いなる賜物を持つ教会です。神は、ご自身がお与えになったこの務めにあたるわたしたちを導き、守ってくださいます。**神の言葉と証の書に霊の導きをお与えになったお方は、わたしたちを見放すことも、見捨てられることもありません。わたしたちのそばにいてくださるのです。**

神はわたしたちに、パウロが語ったのと同じメッセージを宣べ伝えるようにと、命じておられます。十字架に架かられ、復活し、再び来られるキリストです。わたしたちがどのような状況に置かれていたとしても、このメッセージを伝えなければなりません。わたしたちがそうするとき、神が永遠に共にいてくださるという確信が与えられています。神がわたしたちを見放すことは決してありません。神は、大争闘の歴史において神の民が経験した中でも、最も激しい試みの時に向かおうとしているわたしたちに、励ましと、必要な理解力とを与えるために共にいてくださいます。

間もなく、わたしたちは人の手の半分ほどの小さな雲を、東の空に見つけるでしょう。雲は次第に大きく、明るくなっていき、全天を覆います。やがて、それが天のすべての天使たちの集まりであることがわかります。天使たちは、この地上で、いえ、宇宙全体において、最も偉大な出来事が起こることを知っていて、それを目撃するために来るのです。その天使の雲の中心に、わたしたちの主、救い主が座っておられます。地上に来られ、完全な生涯を送られ、わたしたちに代わって十字架で死なれたお方、復活なさり、天に昇ってわたしたちの大祭司となられたお方です。主は、今この時も天の至聖所において、わたしたちのために執り成しをしておられますが、わたしたちをご自分のものとなさるために地上に戻ってこられるその時には、今着ておられる祭服を脱ぎ、王としての着物を身につけられるのです。

キリストが来られるとき、わたしたちは目を上げて言うのです。「この方こそわたしたちの神。わたしたちは待ち望んでいた。この方がわたしたちを救ってくださる」。キリストは雲の中からこちらを見て、「忠実な良い僕《しもべ》だ。よくやった。主人と一緒に喜んでくれ」と言われます。何とすばらしい瞬間でしょうか。この生涯の困難や痛みは、わたしたちが主と永遠を過ごすうちに、記憶から消し去られていくのです。

その日に備えるために、神の恵みと力を受けて、わたしたちは献身しなければなりません。それは、キリストと歩みを続けるため、その言葉を読んで時間を過ごすため、祈りの力を発揮するため、そして、日々証の書を読み、信仰生活を豊かにするための献身です。

帰郷の時は近いのです。神がその恵みにより、証の書を通して与えてくださった終わりの時代への導きに注意を払わず、最後まで忠実でいることができなかったとしたら、何と残念なことでしょうか。

（1）『セレクテッド・メッセージ1』五一ページ。
（2）同四一ページ。
（3）同四〇ページ。
（4）『教会への勧告』下巻四〇五ページ。
（5）引用文初出は、*Journal of Adventist Theological Society* 8, nos. 1-2 (1997):19-27. 若干の改訂が加えられた引用元の論文が、ウェブ上で公開されている。Gerhard Pfandl, 〝The Remnant Church,〟 http://www.atsjats.org/publication_file.php?pub_id=256&journal=1&type=pdf.

引用文は、ウェブ版三ページ、印刷版の二三〇ページからのものである。

(6) Ibid. ウェブ版四ページ、印刷版の二三二ページ。

(7) Juan Carlos Viera, "God's Guiding Gift," *Adventist Review*, July 24, 1997, 12-15.

(8) Ellen G. White, *Testimonies for the Church* (Oakland, CA: Pacific Press®, 1885), 4:390, 391.

(9) 『希望への光～クリスチャン生活編』八四五ページ。

(10) Ellen G. White, *Testimonies for the Church* (Mountain View, CA: Pacific Press®, 1909), 9:19.

(11) 『セレクテッド・メッセージ1』五一ページ。

(12) 『教会への勧告』下巻三八八ページ。

(13) Ellen G. White, *In Heavenly Places* (Washington, DC: Review and Herald®, 1967), 127.

(14) White, *Testimonies*, 1:179–181.

(15) 『教会への勧告』下巻四二四～四三一ページ。

第4章

ただ一つの希望

わたしたちの周りで起きている出来事は、ダニエル書、マタイによる福音書、黙示録の預言を次々に成就しているかのようです。すべてが揺さぶられています。政治の混乱は、世界中で明らかになっていますし、道徳・文化の退廃はひどいものです。世界経済は崩壊寸前です。恐ろしい自然災害も増加していますし、進行中の教会合同の動きは、神の言葉を無効にする地ならしをしています。これらすべてが、わたしたちが地球歴史の終わりに近づいていると叫んでいるようなものです。

「こういうことは、今までの繰り返しに過ぎない」と言う人もいるかもしれません。そのように信じたければ信じることもできますが、わたしは、これらの出来事は、キリストが間もなく来られることのしるしであると信じています。

セブンスデー・アドベンチストとして、その日や時を予言することはすべきではありませんが、その時が間もなく来るという警告は聖書から与えられているのです。

わたしたちは、何と深刻な時を生きているのでしょうか。神の残りの教会の一員となり、黙示録一四章六～一二節にある三天使のメッセージを伝える今という時は、何と大切なのでしょうか。**リバイバルと改革、聖霊の後の雨を神に祈り求めるこの時は、真に重要な時です。**こうして、聖書の真理、キリストにある救いという福音のメッセージ、間もなく来られる救い主についての宣教が、世界を照らします。帰郷の時は近いのです。

リバイバルと改革への招きは、二〇一〇年の世界総会年次理事会で考え出されたものではありません。このような霊的な働きは、委員会が命じてできることではありませんし、チェックリストにしるしをつけ、終わったと宣言できることでもありません。わたしたち自身が、リバイバルと改革を生み出せるのではありません。聖霊がそれをなさるのです。

リバイバルと改革を求めるこの訴えは、「自分の力で自分を救う」という律法主義的な意識によるものではなく、キリストのみを中心に置くものです。キリストはわたしたちに、キリスト自身の義を受け入れ、聖霊の力を受けて、ご自身が戻られる前の最後の大いなる働きを終わらせるようにと命じておられます。これは、キリストとその義、その来臨を告げ知らせるという働きです。ホセア書六章、ヨエル書二章、使徒言行録全体など、聖書は至る部分でこのような訴えをしています。

歴代誌下七章一四節では、使命達成の備えをするにあたって、わたしたちに完全な献身を求めています。「もしわたしの名をもって呼ばれているわたしの民が、ひざまずいて祈り、わたしの顔を求め、悪の道を捨てて立ち帰るなら、わたしは天から耳を傾け、罪を赦《ゆる》し、彼らの大地をいやす」

わたしたちは、キリストとその義にのみ望みがあることを認め、そのみ前に謙遜にならなければなりません。エレン・ホワイトも、わたしたちの生きている時に注目し、このような姿勢を勧めています。「真の敬虔《けいけん》が私たちのうちに回復《リバイバル》されることは、すべての必要の中で最大の、最も急を要するものです。これを求めることが、私たちの第一にしなければならないことです」(1)

地球歴史の最後の時にリバイバルと改革が必要であることを認めるなら、キリストとすべてを覆う彼の義を完全に受け入れることが、この経験の基礎となることを理解しなければなりません。**セブンスデー・アドベンチストは、キリストのみによる救いを誰よりも強く訴える者でなければなりません。**キリストはわたしたちの必要とする義を与えてくださり、それは義認と聖化を通してもたらされます。この義の二つの形を別々のものとして考えることはできません。この二つは、すべてを覆うキリストの義から成り立っているものであり、二つともあるか、一つもないかのどちらかなのです。

「義」に関する混乱

さまざまな原因から、義認と聖化の性質と役割についての混乱が生まれる場合がしばしばあります。このことに関する議論のゆえに、教会や教会員の間に亀裂が生じることもありました。聖化を排除した義認を強調する人たちは、「安価な恵み」を勧めていることになりますし、聖化のみに注目する人たちは、行いによる義という完全主義へと陥っています。すべてを覆う神の義は、義認と聖化の両方を含むものです。**救いの計画を立てるのは神であって、わたしたちではありません。神は、その計画に従ってわたしたちに関係の回復を与えます。それは今始まり、永遠に続くものなのです。**

神の救いの計画はすばらしいもので、確信を生み出すものですが、わたしたちはその詳細まですべてを理解できるわけではありません。子どもでも理解できるほど単純ですが、永遠をかけて学ばなければならないほど壮大でもあります。では、その基本を確認しましょう。

神の子イエスは、自らが創造し、所有しているわたしたち人類の一人となるため、地上に下ってこられました。この地上で罪なき完全な生涯を送られ、わたしたちの身代わりとして死に、復活されました。今は、天の至聖所においてわたしたちのために執り成しておられ、間もなくわたしたちを故郷へと連れ帰ってくださいます。

イエスは確実に、すぐに戻ってこられます。わたしたちを故郷へと連れ帰ってくださるのです。聖書の預言は、キリストの再臨の時が近いことを告げる「しるし」について語っています。これには、世界規模の政治的混迷、社会的・道徳的退廃、不安定な経済、少しずつ進行する教会合同への動き、自然災害の規模・発生数の増大、宗教的混乱などが含まれます。こういったしるしの存在を、わたしたちは今日いたるところで目にするのです。

神は、終わりの時を生きるその民に対して、黙示録一四章の三天使のメッセージを宣べ伝えるという最高の特権をお与えになりました。そのメッセージは、人々の心をキリストとその義、また、神に対する真の礼拝へと向けさせるものです。すべてを包含するキリストの義についてわたしたちが告げ知らせることを、神は望んでおられます。

神はまた、神の裁きの時の到来を伝え、神に栄光を帰すことで、神であり創造主であられるお方に対する真の礼拝を宣べ伝えるようにと期待しておられます。わたしたちは、霊的な混乱をもたらしているバビロンが倒れるという警告を広め、神による救いの計画の純粋で単純な理解に立ち帰るよう、人々に訴えていかなければなりません。獣やその像を拝み、額《ひたい》や手に獣の刻印を受けることに対する警告のメッセージを伝えなければなりません。そして、その刻印を受けるということは、獣、反キリストに同意することであると知らせなければなりません。これは、つまり、権威をもって神の律法を変更し、聖書の真理とキリストのすべてを覆う義とを拒絶することなのです。

セブンスデー・アドベンチストは、イエスにある真理を伝えるようにと召されています。イエスのみがわたしたちの救いです。パウロは明快に述べています。

事実、あなたがたは、恵みにより、信仰によって救われました。このことは、自らの力によるのではなく、神の賜物です。行いによるのではありません。それは、だれも誇ることがないためなのです。なぜなら、わたしたちは神に造られたものであり、しかも、神が前もって準備してくださった善い業《わざ》のために、キリスト・イエスにお

いて造られたからです。わたしたちは、その善い業を行って歩むのです。（エフェソの信徒への手紙二章八～一〇節）

これは、間違いようのないメッセージです。イエスは恵みに満ちており、逃れの道として与えてくださるその救いの計画は、わたしたちを義とし、清めるものです。**義認と聖化は共に、キリストのすべてを覆う義の要素なのです。わたしたちの内にこれを成し遂げるのは、キリストの力です。**イエスの与えてくださる義認を受け入れるとき、つまり、神の目にわたしたちを全きものとするその義の衣を受け取るとき、その義認と共にもたらされる力もすぐに与えられます。それは、わたしたちを日々キリストのように造り変え、人生を一変させる聖化の力です。

キリストから受け取る義は、すべてを包含するものです。例えば、パウロの次の発言に注目してみましょう。彼はまず、わたしたち罪人の身代わりとなって死ぬために来られたキリストの驚くべき謙遜について触れた後で、服従と、神がわたしたちの内になされる業、わたしたちを通してなされる業について語っています。

だから、わたしの愛する人たち、いつも従順であったように、わたしが共にいるときだけでなく、いない今はなおさら従順でいて、恐れおののきつつ自分の救いを達成するように努めなさい。あなたがたの内に働いて、御心のままに望ませ、行わせておられるのは神であるからです。（フィリピの信徒への手紙二章一二、一三節）

これは、行いによる救いへの呼びかけではありません。わたしたちの「内に働いて、御心のままに望ませ、行わせておられる」神にある信仰による義への直接の招きです。この招きは、神と永遠に共に過ごせるように、キリストとの関係に焦点を合わせ、わたしたちを義とし聖とする力によって神との正しい交わりにいたるようにと告げています。

イエスを人生の中に受け入れるとき、彼は奇跡的なことを行ってくださいます。わたしたちを彼に似た者へと造り変えてくださるのです。奇跡的で、霊に満ちた回心の過程をもたらしてくださいます。これは、神のみがおできになる業です。神はわたしたちを義とみなし、わたしたちがご自身とつながり続けることをお許しになります。そうすることで、わたしたちは少しずつ神に似た者となることができるのです。

このようにして、大酒飲みは酒をやめることができるようになります。このようにして、いい加減な生活をしていた人たちは、道徳的になることができます。このようにして、意地悪な性格の人は、平和を愛するようになります。このようにして、わがままで自分中心の人は、他者を思いやる、寛容で慈愛に満ちた人になります。このようにして、神から離れていた者は、回心をすることができます。すべて、神の力によります。

神は、わたしたちの人生に変化を与え、わたしたちは聖霊の実を生み出すようになるのです。ヤコブも次のように述べています。「行いが伴わないなら、信仰はそれだけでは死んだものです」（ヤコブの手紙二章一七節）。

わたしたちが、その関心のすべてをキリストとの関係に向けるなら、彼との正しい関係を得ることができます。わたしたちがキリストの権威と愛とに服従するとき、神の力によってしかできないことが、わたしたちの内になされるのです。

驚くべき聖句

聖書の中の驚くべき言葉の一つが、正しい関係について語るコリントの信徒への手紙二・五章二一節です。パウロは次のように書いています。「罪と何のかかわりもない方を、神はわたしたちのために罪となさいました。わたしたちはその方によって神の義を得ることができたのです」

父なる神は、その完全なるみ子キリストをわたしたちの罪のための犠牲としてお与えになりました。そうして、わたしたちは、キリストの完全な義を受けるようになりました。何とすばらしい救いの計画でしょうか。これが永遠をかけて学ぶ主題であることに、疑いの余地はありません。

わたしたちが天国へ行ったとき、自分たちの冠を取ってイエスの足もとに投げ、その救いの力に対してたとえようもないほど大きな感謝と愛を表すことになるのも、当然です。そのとき、そして永遠に賛美の歌を歌い続けるのも、信じられないほど大きな神の愛を告げるため、次のように歌うのも、当然のことなのです。

素晴らしい恵みを
ほめたたえよ
汚れしわれさえ
救いたもう＊1

これこそ、ニコデモに「はっきり言っておく。人は、新たに生まれなければ、神の国を見ることはできない」（ヨハネによる福音書三章三節）と伝えたイエスがおっしゃる「新生」の体験です。

この新生の体験は、キリストの力からのみもたらされるもので、神とわたしたちを正しい関係へ導き、新たな人間へと造り変えるものです。コリントの信徒への手紙二・五章一七節には、「だから、キリストと結ばれる人はだれでも、新しく創造された者なのです。古いものは過ぎ去り、新しいものが生じた」とあります。

聖霊の導きにより、罪の告白がなされ、キリストの十字架のもとに伏すとき、わたしたちは新しく造られた者となり、罪から清められます。ヨハネは言います。

「自分の罪を公に言い表すなら、神は真実で正しい方ですから、罪を赦し、あらゆる不義からわたしたちを清めてくださいます」（ヨハネの手紙一・一章九節）。

「言《ことば》は、自分を受け入れた人、その名を信じる人々には神の子となる資格を与えた。この人々は、血によってではなく、肉の欲によってではなく、人の欲によってでもなく、神によって生まれたのである」（ヨハネによる福音書一章一二、一三節）。

さらに、この愛された弟子は次のように記しています。「神から生まれた人は皆、世に打ち勝つからです。世に打ち勝つ勝利、それはわたしたちの信仰です」（ヨハネの手紙一・五章四節）。

これらの聖句は、すべてを覆う神の義について述べています。**この義を通し**

て、恵みによってわたしたちは救われ、信仰によってわたしたちは生きるのです。これらはすべて、救い主にして主であるキリスト・イエスを通して与えられるものです。ですから、わたしたちはパウロが語った言葉に同意することができます。

> 生きているのは、もはやわたしではありません。キリストがわたしの内に生きておられるのです。わたしが今、肉において生きているのは、わたしを愛し、わたしのために身を献げられた神の子に対する信仰によるものです。（ガラテヤの信徒への手紙二章二〇節）

パウロはこのすべての結論を、簡潔にまとめています。「わたしにとって、生きるとはキリスト（です）」（フィリピの信徒への手紙一章二一節）。パウロは、異教からの改宗者であったテトスに対して、このすべてを覆う神の義について注目すべき説明をしています。

彼は、若い牧師であったテトスに、クレタ島の宣教区域の責任を与えました。

ギリシャの南の地中海上にあるこの大きな島は、数世紀前には、メソポタミアやエジプトの文明と対抗するほど強力なミノア文明の中心地でした。パウロの時代のクレタ人は皆異教徒で、神話や律法を強調する中途半端な改宗者であったユダヤ教徒たちの影響を受けていました。交易地であったクレタにたくさんの来訪者があったことを考えれば、ときに意見の大きな相違があったことも、不思議ではありません。

パウロは、テトスとクレタの人々に具体的なクリスチャン生活について助言を与えるため、手紙を書きました。もちろん、これは彼ら同様、わたしたちにも当てはまるものです。

実に、すべての人々に救いをもたらす神の恵みが現れました。その恵みは、わたしたちが不信心と現世的な欲望を捨てて、この世で、思慮深く、正しく、信心深く生活するように教え、また、祝福に満ちた希望、すなわち偉大なる神であり、わたしたちの救い主であるイエス・キリストの栄光の現れを待ち望むように教えています。(テ

トスへの手紙二章一一、一二節)

わたしは、この「祝福に満ちた希望」「キリストの栄光の現れ」を心から待ち望んでいます。皆さんも同じだと思います。最近、わたしの大切な父が眠りにつきました。彼は、教会の力ある指導者であり、わたしにとってすばらしい父親であり、親友の一人でした。キリストの恵みと力により、わたしは父と再会することができます。神を賛美しましょう。帰郷の時は近いのです。

テトスへの手紙三章では、パウロがこの若い牧師に対して、教会員に次のことを思い起こさせるようにと助言しています。

人々に、次のことを思い起こさせなさい。支配者や権威者に服し、これに従い、すべての善い業を行う用意がなければならないこと、また、だれをもそしらず、争いを好まず、寛容で、すべての人に心から優しく接しなければならないことを。わたしたち自身もかつては、無分別で、不従順で、道に迷い、種々の情欲と快楽のとりこと

なり、悪意とねたみを抱いて暮らし、忌《い》み嫌われ、憎み合っていたのです。（テトスへの手紙三章一〜三節）

パウロが挙げているのは、わたしたちの問題でもあります。わたしたちがどのように変わるのかということに関する彼の言葉に注目してみましょう。

パウロはまず、「わたしたちの救い主である神の慈しみと、人間に対する愛」（四節）に目を向けさせます。そして、五節において次のように指摘します。「神は、わたしたちが行った義の業によってではなく、御自分の憐《あわ》れみによって、わたしたちを救ってくださいました。この救いは、聖霊によって新しく生まれさせ、新たに造りかえる洗いを通して実現したのです」

わたしたちがキリストの力によって義とされたということを、パウロは示します。「御自分の憐れみによって、わたしたちを救ってくださいました」。そして、「新たに造りかえる洗いを通して」聖なる者とされるのも、キリストの力によるのです。これは、「救い主イエス・キリストを通して」豊かに注がれる、「新しく生まれさせる」聖霊を通してなされるのです（五、六節）。

彼は続けて、「こうしてわたしたちは、キリストの恵みによって義とされ、希望どおり永遠の命を受け継ぐ者とされた」（七節）と述べています。**わたしたちは、キリストによって義認を受けました。わたしたちのものとみなされるキリストの義の衣に覆われ、まるで罪を犯したことがないかのように、父なる神の目に完全なものとして映るのです。**キリストの義がこれを成し遂げます。

八節でパウロは、「この言葉は真実です。あなたがこれらのことを力強く主張するように、わたしは望みます。そうすれば、神を信じるようになった人々が、良い行いに励もうと心がけるようになります。これらは良いことであり、人々に有益です」と語っています。この「良い行い」とは、人を清いものとするキリストの力の結果です。**聖霊はわたしたちの内に働き、わたしたちを少しずつキリストに似た者へと造り変えていきます。**聖化に関して、わたしたちはキリストとの関係に完全に依存しています。これもまた、キリストの義によるものなのです。

聖書の教える真理

証《あかし》の書《ふみ》は、キリストのすべてを覆う義に関する聖書の真理を支持し、すばらしい洞察を与えています。この後に続く段落では、『キリストへの道』という小さいながらも非常に優れた本の中から、励ましと助けを与える言葉をいくつか紹介します。次の言葉は、特に有益です。(2)

永遠の命を受ける条件は、私たちの祖先が罪に陥る前、すなわちパラダイスにいたときとまったく同じであって、それは神の掟《おきて》に完全に服従すること、つまり完全に義であることです。もし永遠の命がこの条件以下で与えられるものであるとすれば、全宇宙の幸福は危険にさらされ、罪の道が開けて、あらゆる災いと悲惨が永久に絶えないでしょう。

罪に陥る前、アダムは神の掟に服従することによって、正しい品性を作り上げることができましたが、彼はこれに失敗し、彼の罪のために、私たちは生まれながらにして罪ある者となり、自分の力で義となることができなくなりました。私たちは罪深く、汚れているので、聖《きよ》い掟に完全に従うことができません。神の掟の要求に応じるほどの義を持ち合わせていません。けれどもキリストは、私たちのために逃れる道を備えてくださいました。キリストは、この地上で私たちが遭《あ》わなければならない試練と誘惑の真っただ中で生活し、罪のない生涯を送られました。そして、私たちのために死に、今や私たちの罪を取り除いて、彼の義を与えようとしておられます。もしあなた自身をキリストにささげ、キリストを救い主として受け入れるならば、あなたの人生がこれまでいかに罪深いものであっても、彼のゆえに義とみなされるのです。キリストの品性があなたの品性のかわりとなり、神の前にまったく罪を犯したことのない者として受け入れられるのです。

それだけではなく、キリストは私たちの心も変えてくださいます。信仰によって、キリストは私たちの心の中に住まわれます。こうして、信仰と、絶えずキリストにみずからの意志を従わせることによって、キリストとの関係を持続するのです。このようにする限り、キリストはあなたのうちに働いて、み旨に従って望み、行うことができるようにしてくださいます。そのときこそ、「わたしが今、肉において生きているのは、わたしを愛し、わたしのために身を献《ささ》げられた神の子に対する信仰によるものです」（ガラテヤの信徒への手紙二章二〇節）と言うことができます。ですから、キリストも弟子たちに、「話すのはあなたがたではなく、あなたがたの中で語ってくださる、父の霊である」（マタイによる福音書一〇章二〇節）と言われました。こうしてキリストが私たちのうちに働かれるならば、私たちはキリストと同じ精神をあらわし、同じわざ――正しい行為、つまり服従をするようになるのです。

　ですから、私たち自身のうちには何ら誇るところがなく、自己を賞揚する何の根拠もありません。私たちの唯一の希望は、キリストの義が私たちの義とみなされることであり、それは、私たちのうちに働き、私たちを通して働いてくださる聖霊の働きによる以外にはないのです。……

信仰によってキリストのものとなったのですから、信仰によってキリストのうちに成長するのです。これは、こちらからも与え、神からも受けることです。自分の心も、意志も、奉仕も、すべてを神にささげ、神のご要求にことごとく従わなくてはなりません。そして、服従する力を受けるには、あらゆる祝福に満ちあふれるキリストを心に宿し、キリストをあなたの力、義、永遠の助けとして受けなければなりません。

毎朝、神に自己をささげ、これを最初の務めとして、次のように祈りましょう。「主よ、僕《しもべ》を完全にあなたのものとしてお受け入れください。私のすべての計画をあなたのみ前に置きます。どうか、僕を今日もあなたの働きのために用いてください。どうか、私とともにいて、すべてのことをあなたにあってなさせてください」と。これは毎日のことです。毎朝、その日一日神に献身して、すべての計画を彼にお任せし、摂理のままに実行するなり、中止するなりするのです。こうして、日ごとに生活を神のみ手にゆだねるとき、次第にあなたの生涯がキリストの生涯に似てくるのです。

キリストにある生活は平和な生活です。感情の興奮はないかもしれませんが、いつも変わらぬ安らかな信頼のある生活です。自分に望みがあるのではなく、キリストに望みがあるからです。自分の弱さはキリストの力に、無知はキリストの知恵に、もろさはキリストの辛抱強さと一つになります。すると私たちは、自分をながめて自分のことばかり考えないで、キリストをながめるようになるのです。キリストの愛を瞑想し、その性格の美しさ、完全さを心にとめて考えましょう。キリストの自己犠牲、キリストのへりくだり、キリストの純潔と聖さ、またその比べることができない愛を、魂の瞑想課題としましょう。キリストを愛し、キリストにならい、まったくキリストに頼ってこそ、私たちはキリストのみかたちに変えられるのです。

パウロの次の言葉も、当然のものと言えましょう。

さて、わたしたちには、もろもろの天を通過された偉大な大祭司、神の子イエスが与えられているのですから、わたしたちの公に言い表している信仰をしっかり保とうではありませんか。この大祭司は、わたしたちの弱さに同情できない方ではなく、罪を犯されなかったが、あらゆる点において、わたしたちと同様に試練に遭われたのです。だから、憐れみを受け、恵みにあずかって、時宜にかなった助けをいただくために、大胆に恵みの座に近づこうではありませんか。

（ヘブライ人への手紙四章一四～一六節）

何とすばらしい救い主でしょうか。彼は私たちの身代わりとして地上に来られ、逃れの道を備えてくださったのです。わたしたちのために死ぬために来られることで示されたキリストの愛と謙遜は、何と大きいものでしょうか。エレン・ホワイトは次のように書いています。

神のみ子が人の性質をおとりになることは無限の屈辱に近かった。ところがイエスは、人類が四千年にわたる罪によって弱くなっていた時に人性をおとりになったのである。アダムのすべての子らと同じように、イエスは遺伝という大法則の作用の結果をお受けになった。そのような結果がどういうものであるかは、イエスのこの世の先祖たちの歴史に示されている。主は、われわれの苦悩と試みにあずかり、罪のない生活の模範をわれわれに示すために、このような遺伝をもっておいでになったのである。(3)

わたしたちのすべて

キリストはわたしたちのすべてです。キリストは、そのすべてを覆う義を通して、救いを与えてくださいました。わたしたちは、まったく、徹底的にキリストとその義により頼み、心を向けなければなりません。エレン・ホワイトは言います。

罪に堕《お》ちた人間の性質をおとりになるにあたって、キリストが罪を犯されることは決してなかった。……

イエスの人としての性質に全く罪がなかったということについて、疑いの念を持つべきではない。わたしたちの信仰は、知的理解を伴うべきであり、完全な信頼と、贖《あがな》いの犠牲への曇りなき確信をもって、キリストを眺めるのである。欲によって生じたこの世の堕落から逃れ、神の性質にあずかる者となることができるよう、天来の力が人の上に置かれる。このようにして、悔い改めた信仰者は神の前にキリストにあって義とされる。(4)


義を自分のものであるかのように主張してはいけません。常にキリストに目を向けましょう。自らの努力や、自己を義とすることを通して、天国への道を進んでいけるのではありません。わたしたちの救いは、キリストとそのすべてを覆う義からのみ来るものです。

エレン・ホワイトは、『各時代の希望』の中で、わたしたちがキリストから受ける義について描写しています。

キリストがお教えになった義とは、心と生活とを神のみこころのあらわれに一致させることである。罪深い人間は、神への信仰を持ち、神と生きた関係を持続することによってのみ義となることができる。そのとき真の信心によって思想が高められ、生活は高潔なものとなる。そのとき、宗教の外面的な形式が、クリスチャンの内面的な純潔と一致する。(5)

わたしたちは、自分がもともと義であると考えたり、努力によって義に向かって改善されていくと考えてはなりません。キリストに服従するときに得られる変化について、わたしたちのよりどころとなるのはキリストのみです。自分が完全であるとか、完全に到達したと言って誇るべきではありません。新しく編纂された『真のリバイバル』というすばらしい本の中で、エレン・ホワイトは次のように述べています。

自分が清いと主張している人は、本当は清くない人です。天の書の中に聖なる者と記されている人々は、その事実に気づいてはおらず、自分自身の善を決して誇るような人たちではありません。預言者や使徒のうち、ダニエル、パウロやヨハネさえ、だれ一人として清さを公言した人はいませんでした。義人は、決してそのような主張をいたしません。

彼らがキリストにいっそう似れば似るほど、自分たちが彼に似ていないことをいっそう嘆くのです。というのは、彼らの良心は敏感で、罪について神がみなすのと同じように彼らもみなすのです。彼らは神につき、また救いの大いなる計画について、高められた見解を持っています。自分自身が無価値であるという自覚によって低くされた彼らの心は、自分たちが永遠の王の息子、娘であり、王の家族の一員として数えられている栄誉を感じて、生き生きとしています。(6)

セブンスデー・アドベンチスト教会には、ほかの人より自分の方がましだと考える人がいてはなりません。清くない、完全でないと言って、他者を責めるようなことがあってはなりません。**わたしたちは皆、十字架の下に立つ罪人であって、すべてを覆う義を与える救い主を必要としています。その義が、わたしたちに義認と聖化をもたらすのです。**わたしたちは、すべてをイエスに負っているのです。

この霊的関係は、個人的な信仰を働かせることによってのみ確立されます。この信仰は、私たちの側においては、最善の選択、完全な信頼、全的献身によって示されなければなりません。私たちの意志は、すべて神のご意志に委《ゆだ》ねられ、私たちの感情、欲望、関心、名誉は、キリストの王国の繁栄とキリストのみ業の栄誉と一つでなければなりません。私たちは、キリストから恵みを絶えず受け、キリストは、私たちからの感謝をお受け入れになります。(7)

誰かの罪を見つけようとして、詮索するように眺めたり、ほかの罪人より自分の方がましだと考えたりすべきではありません。あの人の方がより罪深いと言って批判し、教会に混乱や分裂をもたらすことがあってはなりません。**義認と聖化を与えるキリストの義によって、不完全なわたしたちが覆われること以外に、自分を完全とみなすことがあってはなりません。**わたしたちの救いは、キリストの義のみから来るものであり、わたしたち自身には何の義もないのです。他人より高い位置に立っている者はなく、救いのため、神様との正しい関係のために、キリストとその義により頼むしかないのです。わたしたちは、言葉と行動において、一つとならなければなりません。

エレン・ホワイトはこのように述べています。

一致がなされるか否かの鍵は、キリストを信じる者たちの質にある。キリストから離れてしまうことが、分離や不和、不一致の原因である。すべてのものをひきつける中心はキリストである。わたしたちがその中心に近づけば近づくほど、思い、感情、愛において互いに密接になり、イエスの品性とみかたちに向け成長することができる。(8)

罪が家庭や人間関係を損なうことのない場所、天国における生活に備えるための鍵、それは、すべてを覆うキリストの義です。帰郷の時は近いのです。天の故郷で生きるための備えをしなければなりません。イエスをさらに見続けなければならないのです。

（1）『セレクテッド・メッセージ1』一五七ページ。
（2）『キリストへの道』八七〜八九ページ、九八〜一〇〇ページ、文庫判、改訂第三版。
（3）『各時代の希望』上巻五三ページ、文庫判。
（4）White, *Selected Messages*, 1:256.
（5）『各時代の希望』中巻二八ページ、文庫判。
（6）『真のリバイバル』一〇〇、一〇一ページ。
（7）同七九、八〇ページ。
（8）White, *Selected Messages*, 1:259.

［訳注］
＊1　『Songs of Hope きぼうのせいか』五二番。

第5章

裁きという良き知らせ

わたしたちは、セブンスデー・アドベンチストとしての歩みの中で、与えられた特別な使命と、黙示録一四章六～一二節の三天使のメッセージから導き出されるわたしたちの教会の特徴を理解してきました。この箇所の理解なくして、神から与えられた使命を十分に果たしていくことはできません。**セブンスデー・アドベンチストの神学と使命を分けて考えることは不可能です。わたしたちは、三天使のメッセージを伝え、教え、生きなければなりません。**

それぞれの天使が、特別なメッセージを持っています。第一天使は、神に対する真の礼拝に人々の関心を向けています。第二天使は、背教した宗教団体が聖書の真理から離れ、倒れていくということを告げます。そして第三天使は、神に敵対する者と神に仕える者とを分けるしるしについて明らかにしています。

神の民は、第七日安息日に礼拝を行い、その日を聖なる日とします。このように、神がご自身のものとされる日を大切にすることは、神ご自身のものとなる「人々」を示す「しるし」となるのです。反対に、週のほかの日を第七日安息日の代わりにしてしまうことは、獣の刻印となります。神とその み心をないがしろにしたことを示す刻印です。

この時代、地域によっては、これらの天使が知らせるメッセージは偏見的で不適切なので、公に対して語るべきではない、と言う人がいるかもしれません。しかし、このメッセージは、広く公に伝えるようにと神がわたしたちに望まれているものであり、わたしたちが語ることのできる最も大切なメッセージです。これこそが、わたしたちの神学、わたしたちの使命であり、人々がすばらしい残りの教会であるセブンスデー・アドベンチスト教会の一員となる理由なのです。

この章では、創造主としての神、裁き、聖所のメッセージについて語っている第一天使に注目します。これらのテーマは、人々に伝えるようにとわたしたちに与えられている神学と使命を作り上げています。それは同時に、セブンスデー・アドベンチストであることの核心であり、人々に伝え、教えるべきものです。

黙示録一四章において、第一天使のメッセージは次のように語られています。

わたしはまた、別の天使が空高く飛ぶのを見た。この天使は、地上に住む人々、あらゆる国民、種族、言葉の違う民、民族に告げ知らせるために、永遠の福音を携えて来て、大声で言った。「神を畏《おそ》れ、その栄光をたたえなさい。神の裁きの時が来たからである。天と地、海と水の源を創造した方を礼拝しなさい」（一四章六、七節）

六節には「別の天使」とあります。黙示録には、多くの天使、あるいはメッセンジャーが出てきますが、これが一四章に出てくる三人の特別な天使の一人目です。この天使は、最も大切な知らせ、すなわち、永遠の福音を携えています。これは救いの計画であり、キリストがわたしたちの支払うべき負債を支払い、わたしたちの受けるべき罰を十字架上で受け、わたしたちのために大祭司として執り成しておられるというメッセージです。

六節は、「永遠の福音」について触れていますが、これは、キリストへの信仰を持つことによって、義が与えられるという知らせです。神は、義認を通して義がわたしたちのものであるとみなし、聖化を通してわたしたちにそれを授け、最終的な栄化を与えてくださいます。すべて、キリストを通してもたらされるものです。**わたしたちは、キリストの義と、全世界の人々に分け隔てなく与えられる救いについてのこのメッセージを、あらゆる国、あらゆる人種、あらゆる言語の人々に伝えなければなりません。**

七節には、この天使が「大声で」このメッセージを伝えたと書かれています。この大切なメッセージは、ささやくように語られるべきではない、ということです。大きな声で伝えるのです。

そして、神を「畏れ」よ、つまり、神を敬い、称賛せよ、裁きの時が来たから、自分たちの栄光ではなく、神の「栄光をたたえなさい」と人々に伝えなければなりません。義となることを含め、すべての必要を神が満たしてくださるという信頼を示すことで、わたしたちは神への誠実さを表します。それが、神の栄光をたたえるということなのです。
また、どのような生活をするか、つまり、生活習慣を通しても神の栄光を表さなければなりません。どのように時間を用いるか、どのような服装をし、日々どのような選択をするか、そして、何を食べるかなどです。
何を食べ、何を飲むかが、わたしたちの霊性に直接影響を与えるのは確かです。聖書も証《あかし》の書《ふみ》もこのことを語っています。ですから、アルコールやたばこ、カフェイン、有害な薬物を避け、聖霊の導きに従って、バランスのとれた節度のある生活を送る必要があります。わたしたちが神の栄光をたたえるのは、裁きと救いの時が来ているからです。

人々は、第一天使のこの特別な知らせを通して、天と地、海とすべてのものを造られた神に対する真の礼拝へと立ち帰ります。神は、創造主です。わたしたちを造られたお方ですから、称賛と礼拝をお受けになるのにふさわしいのです。

わたしたちは第七日安息日に神を礼拝しますが、それは、神がそうお命じに

なったからであり、安息日が創造の業《わざ》を記念する日であるからです。神が、（億という単位ではなく）ごく近い過去に、二四時間からなる文字通りの一日の六日間をかけて、この地球をお造りになったという重要なメッセージは、わたしたちが聖なる安息日に礼拝をする根拠となります。それは、神が六千年前にお定めになったのと同じ安息日です。聖書に書かれている通りの創造に関するこの尊い真理は、神への信仰を持たない世俗的あるいは人文主義的な人々からの激しい攻撃にさらされているだけでなく、セブンスデー・アドベンチストの中にもこの教えを批判し、捨て去る人たちがいます。

わたしたちの教会は、聖書を歴史的に、また、聖書本文そのものに頼って解釈するという手法を長く採用してきました。これは、難解な箇所を理解するときには、聖書のほかの箇所に手掛かりを求め、一行ごと、教えごと[*1]に、聖書自身を解釈者とする方法です。聖書と創造の真理に対する激しい批判の中には、歴史批評的解釈法を採用する人たちからのものがありますが、わたしたちの神学と使命に対抗する、致命的な解釈法です。これは、聖書に書かれていることをそのまま信じるよりも、学者たちの意見により信頼を置く方法です。聖書の批評家たちは、教育や知的資源があれば、聖書のどの部分が真実で、どの部分がそうでないかを見分ける洞察を得ることができると信じています。このような聖書の読み方から、距離を置きましょう。これは、人々を神とその言葉、そのみ心へと導くものではないばかりか、教会の神学と使命とを無効にしてしまうものだからです。

創世記一、二章の創造の描写を文字通りに受け取らないのであれば、文字通りの週の、文字通りの七日目に神を礼拝する理由はなくなります。第一天使のメッセージは、世界中のすべての人に、第七日の神の安息日に、創造者である神を礼拝するようにと告げる、明快に響き渡る呼び声なのです。

第一天使が語るもう一つの重要なメッセージは、「永遠の福音」と「裁き」に関するものです。今までこの地上に存在したすべての人の裁きが、第一天使のメッセージの主要なテーマとなっています。この裁きは、天において現在進行しています。これは、天地創造の前から神が定められていた救いの計画の一部であり、わたしたちに救いを与えるキリストの地上と天の聖所における働きに基づいたものです。

地上の聖所

イスラエルの人々がエジプトを脱出して、シナイの荒野をさまよっていたとき、神は地上の幕屋を建てるようにとモーセに命じられました。**人々は、この聖所で行われる儀式を通して、キリストがわたしたちの罪のために十字架上で亡くなられたこと、そして人々の罪が、責めを負うべき者であるサタンに最終的に負わされていくことに気づくのでした。**わたしたちは、地上の聖所での働きを通して、キリストが罪をどのように取り扱われ、裁きを執り行われるのかを知ります。

モーセは、この計画を始められたのは神であることを、出エジプト記二五章八、九節に記録しています。神は、「わたしのための聖なる所を彼らに造らせなさい。わたしは彼らの中に住むであろう。わたしが示す作り方に正しく従って、幕屋とそのすべての祭具を作りなさい」とおっしゃいました。

地上の聖所とそこで行われる儀式のほとんどが、キリストの義について、また、裁きがどのように行われるのかについて教えています。ヘブライ人への手紙八章二節には、イエスが「人間ではなく主がお建てになった聖所また真の幕屋で、仕えておられる」とあります。また八章五節には、地上の聖所が「天にあるものの……影であるもの」であると示唆《しさ》されています。

聖所を見ることで、わたしたちを救うための神の働きがどのようなものであるかを知ることができます。これは、セブンスデー・アドベンチストの中心的な教理です。聖所の祭具や構造については出エジプト記二五章に書かれていますし、『人類のあけぼの』三〇章にも、その様子が美しく描写されています。聖所に関する驚くほどすばらしいいくつかの事実を、簡単に見ていきましょう。

＊地上の聖所は、イスラエルの人々が提供することのできた最上の材料を用いて建てられました。持ち運ぶ必要があるので、壮麗であると同時に、小型でなければなりませんでした。全長約一七メートル（五五フィート）、幅と高さが四・六メートル（一五フィート）ほどのサイズです。建物の壁は金

で覆われた板でできており、銀の台座の上に据《す》えられました。
＊聖所の建物は、上質の亜麻布で囲まれた中庭に置かれていました。犠牲の動物は、聖所の前にある真鍮《しんちゅう》＊2の祭壇上で焼き尽くされました。犠牲の動物の流す贖《あがな》いの血は、わたしたちのために流されたキリストの血を象徴し、祭壇の角《つの》にふりかけられました。
＊祭司たちが身を清める洗盤は、キリストの清めの力を表していました。
＊聖所（前室）の金の机に置かれた供えのパンは、わたしたちのいのちのパンであるキリストの象徴です。
＊七つの枝のある燭台《しょくだい》は、一つの金塊から作られたもので、わたしたちの命と世界を照らす光であるキリストを表していました。
＊香を焚《た》く黄金の祭壇は、神自らが点《つ》けられた火と共に、神がその場におられることを象徴し、聖所（前室）と至聖所とを分ける幕の手前に置かれました。その香壇から昇る煙は、神に赦《ゆる》しを求める礼拝者の祈りと願いを表すものです。罪祭の犠牲の血が、その祭壇の角につけられ、幕の前にふりかけられる犠牲の血は、罪の責めが個人から聖所に移されたことを象徴す

るものでした。

＊聖所（前室）と至聖所を隔てる幕と天井の間には隙間《すきま》があったので、前室の香壇からの煙は至聖所内に流れていき、契約の箱の上部の恵みの座にまで届きました。ここでは、天と地をつなぐ贖いと執り成しを象徴する儀式が行われます。

＊契約の箱には、金で覆われたアカシヤ材が用いられていました。箱の中には神自らが刻まれた十戒の石板と、少しのマナ、芽を吹いたアロンの杖がおさめられていました。これは、わたしたちの生命に対する神の変わらぬ関心と、必要を満たしてくださるその配慮を象徴するものです。契約の箱の上部の恵みの座は、一塊《いっかい》の純金から鋳造《ちゅうぞう》されたものでした。二体の金のケルビムが、一体は翼を大きく広げ、もう一体は畏敬《いけい》と謙遜から翼をたたんだ状態で、その座を覆っていました。これは、神の律法に対して天が抱いている畏敬の念を表すと同時に、贖いの計画、つまり、裁きの全容、イエスの血によるわたしたちの解放、また、神のもたらす赦しと解放の必要をわたしたちが自覚し、イエスの前に身を低くしつつ打ち明ける様子を象

徴しています。

＊恵みの座の上には、神がそこにおられることを目に見える形で告げる、シェキーナの光がそそがれていました。聖所と神のご臨在、その力は、非常に荘厳なものでした。そして、イスラエルの人々が聖所で礼拝をしていたとき、神がそこにおられたのと同じように、今わたしたちが神の家で礼拝をするときにも、神は共にいてくださるのです。神は今日、聖霊を通してわたしたちと共におられます。ですから、神の聖所（礼拝堂）にいるとき、わたしたちは畏敬の念を抱かなければならないのです。

古代イスラエルの聖所での儀式に関して、エレン・ホワイトは、「こうしてわれわれの贖いのためのキリストのみわざが、聖所の奉仕のなかで象徴され、『いつくしみと、まこととは共に会い、義と平和とは互《たがい》に口づけ』したのである（詩篇八五篇一〇節）」と述べています。(1) これらすべての儀式が、キリストの血を通して実現する神の救いの計画を人々に示したのです。

通常の儀式では、罪人は幕屋の入り口に進み、犠牲の動物の頭に手を置いて罪を告白し、自らの罪を象徴的に罪なき動物へと移します。そして、自分の手でその動物を殺すのです。ほとんどの場合、その血は祭司によって聖所の前にふりかけられますが、これは、罪が聖所に移されたことを表しています。

この霊的な作業が、毎日繰り返されました。目に見える血と、目には見えなくても現実のものである罪が、聖所に集まり、ためられていく様子を想像してみてください。この罪を取り除く作業が必要になるのです。そのため、神は聖所のそれぞれの部屋の贖いをなすようにと命じられました。

一年に一度、大祭司は至聖所に入り、聖所全体を罪から清めました。この年ごとの贖罪日に、二匹の山羊《やぎ》が幕屋の入り口に連れてこられました。一匹は、人々の罪祭の犠牲として屠《ほふ》られ、わたしたちのために流されたキリストの血を象徴するその血は、至聖所にまで運ばれて、恵みの座にふりかけられました。それから大祭司は、サタンを象徴する罪責の山羊（贖罪《しょくざい》の山羊、scapegoat）である、もう一匹の山羊の頭に手を置き、イスラエルの人々の蓄積されたすべての罪を告白して、罪を聖所からその山羊に移します。この罪責の山羊は、荒野へと連れて行かれ、死んでいきますが、これは、サタンが罪の最終的な刑罰を背負って死に、その誘惑のわざを終えることを表しています。

十字架で

では、あの金曜日の夕方、犠牲をささげる時間に、十字架上でキリストが亡くなられたときに何が起きたのかについて考えてみましょう。キリストが亡くなられたとき、エルサレムの神殿で仕えていた祭司は、小羊を屠《ほふ》ろうとしていたところでした。聖所の前室と至聖所を隔てていた垂れ幕は、「上から下まで真っ二つに裂け」（マタイによる福音書二七章五一節）、犠牲の小羊は逃げていきました。『各時代の希望』には次のように書かれています。

大いなるいけにえがささげられたのである。……新しい、生きた道がすべての人のために備えられる。罪を悲しむ人間は、もはや大祭司が出てくるのを待つ必要はない。これからは救い主がもろもろの天の天において祭司また助け主として務めを行われるのである。(2)

わたしたちのための犠牲であるイエスが、大祭司となられたのです。復活のあと、イエスは天に昇られ、大祭司として、わたしたちのための執り成しという特別な働きを始められました。

さて、わたしたちには、もろもろの天を通過された偉大な大祭司、神の子イエスが与えられているのですから、わたしたちの公に言い表している信仰をしっかり保とうではありませんか。この大祭司は、わたしたちの弱さに同情できない方ではなく、罪を犯されなかったが、あらゆる点において、わたしたちと同様に試練に遭《あ》われたのです。だから、憐れみを受け、恵みにあずかって、時宜にかなった助けをいただくために、大胆に恵みの座に近づこうではありませんか。

（ヘブライ人への手紙四章一四〜一六節）

十字架と釘は、命を救うこのような結果をもたらしました。キリストは、わたしたちの大祭司として、また、支持者、弁護者として、わたしたちを擁護する資格と特権をお持ちです。『各時代の大争闘』には、「神の住居である天の宮において、そのみ座は、義と公正に基づいている」ことが示されています。(3)

ヘブライ人への手紙六章一九節によれば、キリストは聖所前室の「幕の内側に」入られ(新改訳)、一八世紀の間、執り成しの働きを続けられました。そして、ダニエル書八章一四節の預言にある通り、「二千三百の夕と朝」(口語訳)の後、聖所は「清められ」ました。そのとき、キリストは、最後の働きと裁きを始めるために、至聖所へと移られたのです。

わたしたちは今、聖所を清めるキリストの最後の働きの時、裁きの期間を生きています。聖所の教理と裁きを重要な神学的土台として、セブンスデー・アドベンチストは宣教活動を進めています。キリストは間もなく来られ、サタンに最後の罰を負わせられます。わたしたちのための犠牲であるキリストが十字架上で流された血と、天の聖所で進行しているわたしたちの大祭司イエス・キリストの務めには、同じ目的があります。わたしや皆さんを含め、キリストに従い、罪を告白し、彼を救い主として受け入れたすべての人たちが、神との関係を回復し、永遠の命を受けるということです。**キリストの十字架上での働きと、天の聖所での務めのゆえに、永遠の命はわたしたちのものになります。小羊を知っているなら、大祭司を知っているなら、来たるべき王を知っているなら、裁きを恐れる必要はないのです。**

三天使のメッセージは、人々に変化をもたらします。聖霊は、この再臨のメッセージを耳にする人の心に働かれます。神は、ご自身を愛し、仕える人たちの宣教と証を通して、このことをなされます。

数年前、モルドバに住む警察官であるヴァシリは、聖書の真理と、この大切な再臨メッセージに確信を抱き、セブンスデー・アドベンチストとしてバプテスマを受けたいと思いました。しかし、この新しい信仰について家族や友人たちに話をしたところ、彼らの反応は否定的なものでした。父と母には、縁を切ると言われました。兄弟からは、もう彼のことを兄弟とみなさないと言われ、妻は離婚の話を持ち出しました。上司である警察署長は、彼が安息日を休むことを決して許しませんでした。

ヴァシリは、苦しいほどの祈りをもって、神に導きを求め、はっきりとした答えを与えてくださるように祈りました。そして、聖書を開いたときに、なすべきことが書かれた聖句を見いだすことができるように、神に願いました。彼が聖書を開き、最初に目にした聖句は、マタイによる福音書一〇章三五〜三八節でした。ここには、イエスに従う者は家族からの敵意を受けることがあるというイエスの警告がありました。さらにイエスは、イエスよりも父や母を愛する者は彼にふさわしくない、十字架を担い、従ってくるようにとおっしゃっています。

ヴァシリは、神が聖書を通して語りかけてくださったことに感謝し、機会が来るとすぐにバプテスマを受けました。バプテスマを受けたことを妻に伝えると、彼女は記入済みの離婚届の用意があり、あとは署名をするだけだと彼に告げました。ヴァシリはうろたえることもなく、愛していると伝え、一緒に彼の両親の所に話に行くことを提案しました。妻は、両親も彼の決意を変えるように説得してくれることを期待して、一緒に行くことにしました。しかし、二人が両親の元を訪ねたとき、明らかに聖霊が働いておられました。両親も兄弟も、動揺したり、ヴァシリを怒鳴りつけたりするようなことはなく、前向きな受け答えをしたのです。

このような事態に、妻はひどく取り乱し、いらだちをあらわにします。しかし、ヴァシリは穏やかさを失わず、口論することも、彼女の理性的でない態度に怒ることもしませんでした。

次にヴァシリは、バプテスマを受けたことを警察署長に報告し、辞表を提出しました。署長は辞表を彼に返し、一週間休みを取って、自分のしていることを考え直すようにと言いました。一週間後、もう一度辞表を提出すると、署長は受理しないばかりか、安息日が問題にならないようにと彼を昇進させたのです。

ちょうどその頃、レジ係として働いていた妻は、さまざまなトラブルの原因となる深刻な問題を抱えていました。一日の終わりにレジのお金を数えていた彼女は、残金が不足していることに気がつきました。彼女のもとにあるべきお金がないのです。上司は、差額の弁償を求めましたが、それはヴァシリと妻にとって経済的な痛手となりました。

その夜、妻に祈ってくれるように頼まれ、ヴァシリは祈りました。そして翌日、彼女は、差額と同じだけの金額の誤りが帳簿に記載されているのを発見したのです。ヴァシリは、「この機会に神様を信じてみないか」と言いましたが、彼女は断りました。

しばらくして、彼女の母親が癌《がん》であるという診断を受けました。この知らせに、彼女はひどく落ち込み、ヴァシリと共に母親を訪ね、母親のために祈りました。神が介入してくださり、母親は癒《いや》されました。妻にとって、これでもう十分でした。彼女はまっすぐにセブンスデー・アドベンチスト教会へ行き、バプテスマを受けたのです。

人々がこの上なくすばらしい再臨のメッセージを受け入れ、神のために立つとき、神は驚くべき方法で働かれます。しかし、伝えるようにと神が与えてくださったこの真理をまだ耳にしていない人たちが大勢いるのです。

ですから、わたしたちはこの第一天使のメッセージを、生活を通して、言葉を通して、広く宣べ伝えなければなりません。「神を畏れ、その栄光をたたえなさい。神の裁きの時が来たからである。天と地、海と水の源を創造した方を礼拝しなさい」と、人々に訴えていかなければなりません。

わたしたちを救い、わたしたちに仕えてくださるキリストのみ手に自らをゆだねるとき、裁きを恐れる必要はなくなります。わたしたちは、パウロと共に、「それでまた、この方は常に生きていて、人々のために執り成しておられるので、御自分を通して神に近づく人たちを、完全に救うことがおできになります」（ヘブライ人への手紙七章二五節）と言うことができるのです。

終わりの時代の再臨運動が世に伝えるこのメッセージは、感嘆に値します。聖書的な真の礼拝へと人々を呼び戻す第一、第二、第三天使のこの美しいメッセージこそが、わたしたちに与えられた使命達成の動機となるのです。

帰郷の時は間もなくです。イエスのお帰りを早めるという使命のため、わたしたちにできる務めを果たしていきましょう。

（1）『希望への光』一七七ページ。
（2）『各時代の希望』下巻三六三ページ、文庫判。
（3）『各時代の大争闘』四七五ページ、新書判。

〔訳注〕
＊1　イザヤ書二八章一〇節の英訳表現（〝line upon line, precept upon precept〟）から。
＊2　欽定訳では真鍮（brazen）、日本語訳では青銅となっている。

第6章

神の考える「成功」の定義

皆さんは、成功をどのように定義しますか？　重役用のオフィスを与えられることでしょうか。急成長する会社の最高経営責任者になることでしょうか。湖畔に家を構えることでしょうか。カリブ海を船で旅行することでしょうか。欲しいものをすべて買い、ポルシェやＢＭＷ、レクサスやメルセデスを何台も所有することでしょうか。あるいは、人気のある政治家や、コメディアンや、映画俳優・女優になることでしょうか。

使徒パウロにとっての成功は、このようなものとは異なっていました。それを、常識とは正反対なものと考える人がほとんどでしょう。彼は、コリントの信徒にこのように語りました。

仮にわたしが誇る気になったとしても、真実を語るのだから、愚か者にはならないでしょう。だが、誇るまい。わたしのことを見たり、わたしから話を聞いたりする以上に、わたしを過大評価する人がいるかもしれないし、また、あの啓示された事があまりにもすばらしいからです。それで、そのために思い上がることのないようにと、わたしの身に一つのとげが与えられました。それは、思い上がらないように、わたしを痛めつけるために、サタンから送られた使いです。この使いについて、離れ去らせてくださるように、わたしは三度主に願いました。すると主は、「わたしの恵みはあなたに十分である。力は弱さの中でこそ十分に発揮されるのだ」と言われました。だから、キリストの力がわたしの内に宿るように、むしろ大いに喜んで自分の弱さを誇りましょう。それゆえ、わたしは弱さ、侮辱《ぶじょく》、窮乏、迫害、そして行き詰まりの状態にあっても、キリストのために満足しています。なぜなら、わたしは弱いときにこそ強いからです。（コリントの信徒への手紙二・一二章六〜一〇節）(1)

力や称賛を求める人が、このようなことを言うとは思えません。そのように考えることもないでしょう。自分の弱さを誇る、迫害や侮辱にあって喜ぶ、弱い時にこそ強い。パウロは、何を言わんとしているのでしょうか。

世間一般の成功の定義は自己中心とプライドに基づくが、キリストの定義は、神と他者とに忠実に仕え、自らの功績を誇らないことであると、彼は言っているのでしょうか。

死がすべての終わりであると思われている世界では、富を蓄え、周りからの称賛を得ることが成功とみなされるかもしれません。しかし、**痛みも死もなく、生活を良くするために自分のことを優先したり、他者と争ったりする必要のない国で永遠に生きることを望む人たちが、違う視点から成功を考えるのは当然のことです。**

そう考えるなら、コリントの人々に対する「『誇る者は主を誇れ。』自己推薦《すいせん》する者ではなく、主から推薦される人こそ、適格者として受け入れられるのです」というパウロの勧めも理解できます。彼はまた次のように語っています。

わたしに与えられた恵みによって、あなたがた一人一人に言います。自分を過大に評価してはなりません。むしろ、神が各自に分け与えてくださった信仰の度合いに応じて慎み深く評価すべきです。（ローマの信徒への手紙一二章三節）

聖書の登場人物たちにどのような評価がなされているかを見るとき、一般に好まれているものとは違う成功の定義がされていることを知ることができます。

聖書に出てくる英雄たちの生涯は、始めから終わりまでではないにしても、大部分が、今日ではとうてい成功とはみなされないようなものでした。

例えば、ノアは一二〇年間説教を続けましたが、家族以外を回心させることはできませんでした。ヨセフは、奴隷に売りとばされるほど兄弟を怒らせた後、強姦未遂の疑いで牢獄に入れられました。モーセは、青年時代に衝動的に殺人を犯しただけでなく、解放のために導いてきた人々からの信頼が失われたとき、彼らに対して怒り狂ったのです。預言者エリヤは、カルメル山において神の使者として大勝利をおさめたにもかかわらず、おびえたうさぎのように、怒れる女性から逃げ出しました。エレミヤは、預言者として語りましたが、そのメッセージが失望を与えるものであったため、権力者によって、悪臭のする穴へみじめに投げ込まれました。マリアは、自分の息子に、異端・反乱分子という疑いがかけられ、彼は裁かれた後、処刑されてしまいました。そして、パウロは、民族の指導者になるべく邁進《まいしん》していましたが、数回の逮捕と処刑にいたる道を行くことになりました。

聖書において、このような登場人物が称賛され、真にすばらしい成功者とみなされているのはなぜでしょうか。それは、彼らが神の成功の秘訣《ひけつ》に従っていたからでした。彼らは、神のみ前に身を低く献身しつつ、そのみ心の実現を目指し、愛と謙遜をもって他者に仕え、人々を神のもとへと導くために生きたのです。

最高の模範であるイエス様

言うまでもなく、わたしたちにとっての最高の模範はイエスです。彼は、成功の頂点に達しました。天の父なる神に完全に従い、全時間を他者への奉仕に

用いました。わたしたちに模範を残すために地上で生き、わたしたちを罪から解き放つために死なれたのです。わたしたちはイエスにすべてを負っています。

かつて、ある人がこのような言葉を残しました。


彼は、辺鄙《へんぴ》な村に、田舎者の子として産まれた。また別の辺鄙な村に育ち、三〇歳になるまで大工として働いた。彼はそれから三年間、各地を旅する説教者であった。家族も家もなく、大都市に足を踏み入れることも、生まれた場所から遠く離れたところに旅することもなかった。本を書いたことも、事務所を構えたこともない。一般的に偉大と言われるようなことは、何一つしなかった。

まだ彼が若いうちに、世間からの評価は厳しいものへと変わっていった。友人は彼を離れた。彼は敵に渡され、裁判の中で侮蔑《ぶべつ》を受けた。彼は、二人の強盗の間に立てられた十字架に釘づけられた。死に直面しているそのとき、処刑人たちは彼の唯一の財産である上着のために賭《か》け事をしていた。眠りについたとき、十字架から降ろされ、自分のものではない墓に寝かせられた。
一九の世紀が過ぎ、今日、彼は人類にとって中心的存在となった。かつて行軍したすべての陸軍、航海に出たすべての海軍、選出されたすべての議員、民を支配したすべての王を合わせたとしても、あの孤独な生涯を送った彼ほど力強く、この地上に生きる人々の生活に影響を与えることはできなかった。(2)

パウロは、キリストの受肉が、キリスト自身と天の父にとって何を意味したのかを力強く要約していますが、J・B・フィリップスによる翻訳を紹介しましょう。

あなたがたの態度がどのようなものであるべきか、キリストご自身を模範としなさい。キリストは、そのご性質は神でありながら、神と同等の者としての特権に固執することがなかった。奴隷の身分で、死をまぬがれない人類の一人としてお生まれになることを受け入れられ、与えられていたすべての権利を手離された。人となられ、死に至るまで、全き従順の生涯を送られるまで身を低くし、性根からの犯罪者であるかのような死を死なれた。このゆえに、神は彼を高く上げられ、すべての名に勝る名をお与えになり、天でも、地でも、地の下でも、「すべてが膝《ひざ》をかがめ」、イエスの名を拝するのである。そうして、ついには、「すべての舌が」キリストは主であると「告白し」、父なる神の栄光をたたえる。（フィリピの信徒への手紙二章五〜一一節）

何という大きな犠牲でしょう。何という大きな愛が、わたしたちに向けられているのでしょう。このような成功の公式があるでしょうか。すべてのものが膝をかがめ、キリストを礼拝するのも当然です。これが、聖書が語る真の成功です。これが、弱いことを通して強くなるということなのです。

わたしの義理の兄弟宅の居間にかけられている絵には、キリストの十字架とその前にひざまずく男が描かれています。その絵の説明として、このように書

かれていました。「信仰をもって十字架のもとにひざまずくとき、彼は人が到達できる最高の場所に到達しているのである」(3)

すべての人に愛読していただきたい『キリストへの道』という美しく小さな本がありますが、その中でエレン・ホワイトは次のように述べています。

キリストから目を離さない限り、キリストは私たちを守ってくださいます。イエスをながめていれば、私たちは安全であって、何者もイエスのみ手のうちから私たちを奪うことはできません。常にイエスをながめることによって、私たちは「鏡のように主の栄光を映し出しながら、栄光から栄光へと、主と同じ姿に造りかえられていく」(コリントの信徒への手紙二・三章一八節)のです。(4)

わたしたちの持てるすべての良いものと命は、キリストのゆえに与えられています。キリストの必要を常に思い起こすことは、何よりも大切です。パウロは、「実にキリストは、わたしたちがまだ弱かったころ、定められた時に、不信心な者のために死んでくださった」（ローマの信徒への手紙五章六節）と言っています。キリストは、わたしたちのために死んでくださったのです。

どのような状況に置かれたとしても、真の成功を得る唯一の方法は、キリストとつながり続けることであるということを理解する必要があります。天の成功の定義である、他者への謙遜な奉仕の生活のために必要な愛と動機、力の源となるのは、キリストだけなのです。

実例

私心なくキリストと隣人に仕え、キリストに従っていくには、さまざまな方法が考えられます。弱くなることによって強くなる方法、自己の欲を否定し、キリストを高める方法が、数えきれないほどあるのです。

キリストに従うそのような多くの実例を、今日の社会に生きる人たちの中に見ることができます。謙遜なクリスチャンによる犠牲と奉仕について、誰も聞いたことのない物語が数多くあるのです。しかし、主はその一つひとつをご存じです。その働きについて、地上では誰も聞いたことがなかったとしても、主にとっては彼ら一人ひとりが大切な存在であり、天の書には記録されています。それが、オフィスでの働きであっても、辺鄙な人知れぬ場所であっても、自宅の中であっても、**わたしたちが生活し、働いているその場所にあって天の父のみ心を行うときに、わたしたちは成功の頂点に達するのです。**わたしたちが神に頼るとき、他者を助け、神に仕えるのがどこであっても、神はわたしたちに真の成功を与えてくださいます。

第三章でも触れましたが、わたしの大学時代、父は『キリストへの道』の中の美しい信仰の宝石を、わたしへの手紙に記してくれました。印象に残ったのは、次の一節です。

毎朝、神に自己をささげ、これを最初の務めとして、次のように祈りましょう。「主よ、僕《しもべ》を完全にあなたのものとしてお受け入れください。私のすべての計画をあなたのみ前に置きます。どうか、僕を今日もあなたの働きのために用いてください。どうか、私とともにいて、すべてのことをあなたにあってなさせてください」と。

……こうして、日ごとに生活を神のみ手にゆだねるとき、次第にあなたの生涯がキリストの生涯に似てくるのです。(5)

私欲なき愛と、キリストという模範への完全な献身をもって、どのように神と他者に仕えていくべきかを知るため、わたしたちは聖霊の導きを求めなければなりません。ある人はコンピュータープログラマーかもしれませんし、看護師や自動車整備工、技師、牧師、実業家、教師、医者、画家、音楽家、言語障害の専門家、あるいは、何かほかの職業についているかもしれません。**それがどのような職業であったとしても、神はわたしたちを通して働こうとされています。**

そして、わたしたちがキリストについて証しし、キリストとキリストの与える救いをまだ受け入れていない人たちに、再臨のすばらしいメッセージを伝えることを期待しておられます。**キリストがあなたに何をしてくださったかを、聞かなければならない人たちがいます。**天の至聖所において、弁護者として大祭司として、今執り成してくださっているイエスについて、彼らは知らなければばならないのです。

キリストは、本当に多くのことをしてくださいました。わたしたちには何ができるのでしょうか。

父の約束

マーク・フィンレー牧師が、地震が多いことで知られるアルメニアに住む親子の話をしてくれたことがあります。

ある日、父親は小さな息子を学校に送り届け、学校が終わったら必ず迎えに来ると約束しました。その日、大規模な地震がその地域を襲いました。父親は息子の無事を願って学校へ駆けつけましたが、建物は崩れ、息子はがれきの下に閉じ込められていました。

しかし、父親はあきらめませんでした。コンクリートや鉄骨を手当たり次第取り除き、周りの人にも助けを求めました。最初は手伝ってくれた彼らも、素手でできる救命活動には限界があり、あきらめて、父親にもうやめるように、もう無駄だ、誰も生きてはいないから、と言います。しかし、父親は手を傷と血だらけにしながら、がれきを取り除き続けました。

何時間も作業を続けましたが、災害にあった子どもたちの無事を示すようなものは何一つ見つかりません。しかし、父親は望みを失わず、がれきを片づけ続けました。

作業を始めてから三六時間後、父親が聞きたいと願い続けていた息子の声が聞こえてきたのです。「お父さん、来てくれると思ってたよ！　ここには、ほかに一四人もいるんだ」

キリストの手は、わたしたちのために、傷と血だらけになりました。わたしたちのために、その命を捨てられたのです。そしてわたしたちに、ご自分の模範に従い、他者に私心なく仕え、神の栄光を表すようにと訴えておられます。わたしたちに残されている生涯のすべてを使って、イエスを証《あかし》し、すばらしい再臨の望みを伝えるようにと訴えておられます。神の言葉と証の書《ふみ》に見られる永遠の価値のある真理を、わたしたちが他者に伝えることを期待しておられるのです。

神は、わたしたちが十字架のもとにひざまずき、イエスを見上げるように求めておられます。神の手に身を置くときに、弱さが強さに変えられるということに気がつくよう、わたしたちに求めておられます。

パウロがフィリピの教会員に勧告した言葉は、わたしたちにも向けられています。「キリスト・イエスにある思いと同じ思いを、自らのうちに抱きなさい」（フィリピの信徒への手紙二章五節、欽定訳）。エレン・ホワイトは『国と指導者』においてこう述べています。「柔和と謙遜が、成功と勝利の条件である。栄光の冠は、十字架のもとにひざまずく者を待っている」(6)

神は、ご自身と他者に仕えるようにと、わたしたちを招いておられます。帰郷の時は近いのです。イエスは間もなくおいでになります。この世の成功の高嶺を目指し、時間を無駄にすることはできません。自らの生涯を、謙遜に神に仕えるため、世界をより良くする奉仕のために用いなければなりません。**私欲と、この世で成功とみなされている事柄から目を離し、イエスと彼のわたしたちに対する優しい思いに視線を向けるとき、わたしたちは真の成功を見いだす**

ことができるのです。

（1）（英語原文に関して）本書全体にわたり、欽定訳聖書が用いられているが、この章では、聖書の内容をより実際的に表現しているJ・B・フィリップス訳を用いている。

（2）作者不詳。

（3）『希望への光』一四三五ページ。

（4）『キリストへの道』一〇二、一〇三ページ、文庫判、改訂第三版。

（5）同九八、九九ページ。

（6）『希望への光』六〇六ページ。

第7章

忠実な僕《しもべ》エリエゼル

わたしの通っていた大学（コロンビア・ユニオン・カレッジ。現在のワシントン・アドベンチスト大学）のキャンパスには、授業や食事、礼拝に向かうときに学生たちがくぐるアーチがありました。ひときわ目を引くもので、そこには学校のモットーが掲げられていました。「奉仕への入り口」と。

ますます世俗化の進むこの世界にあって、さまざまな選択肢を前に、それが自分に何をしてくれるのか、どのように出世を早め、給与を増やし、生活を楽にし、娯楽を与えてくれるのかを判断の基準にしてしまいがちです。しかし、わたしの大学のモットーは、適切なものでした。エレン・ホワイトは言います。「キリストに従う者は、奉仕をするためにあがなわれた。主は、奉仕が人生の真の目的であることをお教えになった」(1)

海外の事件、あるいは国内に目を向けても、わたしたちが衝撃的で、緊張が最大限に高まっている時代を生きていることが示されています。それらのしるしから、キリストが再びおいでになる時が近づいていきていることがわかります。全天がわたしたちに注目しています。**他者への奉仕に召される時があるとすれば、今なのです。**

使徒パウロは、弟子のテトスに、クリスチャンとしていかに生きるべきかということについて、次のように書き送りました。

実に、すべての人々に救いをもたらす神の恵みが現れました。その恵みは、わたしたちが不信心と現世的な欲望を捨てて、この世で、思慮深く、正しく、信心深く生活するように教え、また、祝福に満ちた希望、すなわち偉大なる神であり、わたしたちの救い主であるイエス・キリストの栄光の現れを待ち望むように教えています。キリストがわたしたちのために御自身を献《ささ》げられたのは、わたしたちをあらゆる不法から贖《あがな》い出し、良い行いに熱心な民を御自分のもの

として清めるためだったのです。（テトスへの手紙二章一一～一四節）

わたしたちのメッセージと使命ははっきりしています。神は、キリストと、その間もない来臨、三天使のメッセージを伝えることだけに心を向け、ご自身に仕えるようにと信仰者たちを招いておられます。娯楽や競技スポーツ、富や安易な生活習慣の誘惑に、心を奪われないようにしなければなりません。キリストが来られる日は間近であり、使命を優先させるようにという呼びかけはますます大切になっていきます。他者に仕えるための最も重要な方法は、神から与えられた尊いメッセージを彼らに伝えるということです。

自己を捨てて奉仕をしても、名声や喝采《かっさい》を得られることはあまりありません。逆に、困難や苦痛がもたらされることもあります。しかし、神の指示に従って仕えることで、多くの問題や課題に直面したとしても、奉仕を受けた人は祝福されます。彼らに対して、またその忠実さを垣間見た人たちに対して証《あかし》となるのです。

神に仕えることは、非常に重要です。以前世界総会牧師会長であったJ・R・スパングラー長老の説教の一文が、わたしの心をとらえました。「牧師たちは、給料に関する以上に奉仕について、関心を持つべきである」。また、元世界総会総理のW・A・スパイサー長老も、同じ視点を持っていました。「栄誉の職位というものはない。奉仕の職位があるのみだ」

わたしは幼いときから、父に、神への奉仕は何よりもすばらしい義務であると教えられました。もちろん、誰かがそうしなければいけないと言ったからではなく、愛しているから仕えることを、神は望んでおられます。しかし、わたしが神に仕えるということについて父と母が関心を抱いていたことは、良い形でわたしの生涯に大きな影響を与えました。信仰を持って一歩踏み出すとき、神のために働く道を神が備えてくださるということを、わたしは学びました。

五つの献身

奉仕の生活は、いくつかの要素から成ります。わたしは、そのような生活を送るためには、五つの献身が必要であると信じています。

一、クリスチャンとして奉仕の生活を送るため、キリストに主となっていただくことに力を注がなければならない。これは、キリストの求めに従って、彼に仕えることに全力を注ぐということを意味します。キリストがすべての主であることを認め、わたしたちにゆだねられている生涯を正しく管理すべきであることを自覚するのです。

二、クリスチャンとして奉仕の生活を送るため、神の導きに喜んで従い、その守りを信じなければならない。これは、「あなたは今日、何を望んでおられますか」と日々神に尋ね続けることを意味します。

三、クリスチャンとして奉仕の生活を送るため、日々天とつながり続けていなければならない。これは、謙遜さと学ぶ姿勢を日々持ち続け、心からの祈りと聖書の学び、証の書《ふみ》を読むことを通して、神と毎日交わることを意味します。

四、クリスチャンとして奉仕の生活を送るため、神に感謝を抱かなければならない。これは、その力をもって心からわたしたちを大切に養い、わたしたちの内に働かれる神、地上歴史の終わりの時に必要な奉仕を、わたしたちを通してお与えになる全能の神に、深い感謝の念を抱くということを意味します。

五、クリスチャンとして奉仕の生活を送るため、再臨運動の使命とメッセージに献身しなければならない。これは、セブンスデー・アドベンチスト教会には、特別な働きが与えられているということを、強く確信するということを意味します。それは、黙示録一四章の三天使のメッセージを宣べ伝え、キリストの義のみによって救いが得られるという福音を伝えるという使命です。

聖書には、自らを無にして神に仕えた人々の物語が多く記録されています。創世記二四章に出てくる感動的な愛の物語には、この五つの献身が力強く、鮮やかな形で表現されています。

この物語が読まれるとき、イサクとリベカが初めて出会う、ロマンティックな結末部分が注目されがちです。しかし、この出来事の主役は、神がご自身の目的を達成するために用いられた、優れた奉仕をした謙遜な男性なのです。ダマスコのエリエゼルという名のこの男性は、アブラハムの年長の僕で、この物語の真の主人公です。この出来事から得ることのできる、献身と無私の奉仕に関する教訓は、驚くべきものです。

アブラハムは、息子イサクが理想的な女性と結婚することを望んでいました。イサクが結婚する相手は、イスラエルの母、約束された救い主の母となる人物です。ですから、アブラハムがエリエゼルに与えた、その女性を探し、イサクと結婚させるために家まで連れてくるという任務は、エリエゼルにとって大きな責任であり、重荷でした。またアブラハムは彼に、イサクの妻となるべき人物をアブラハムの親類から探してくることを誓わせました。アブラハムがこのような誓いをエリエゼルに求めたことにも、この任務の大切さが強く表されています。しかし、アブラハムは、エリエゼルを安心させることも忘れませんでした。神がエリエゼルよりも先に天使をお遣わしになり、妻を備えるであろうと伝えたのです。エリエゼルは、言わば「奉仕への入り口」をくぐり、歩き始めました。アブラハムに頼まれたことを成し遂げると誓ったのです。

アブラハムがエリエゼルを信じたのは、彼が主人に完全な献身を表していたからであったのは明らかです。同じように、**神がわたしたちに求めておられる最初の献身は、キリストを主として受け入れるということです。**神は、わたしたちに大切な任務をお与えになっています。エリエゼルが人間である主人に仕えたように、わたしたちも天の主人に心から仕えているでしょうか。

わたしたちに求められている二つ目の献身は、神の導きと守りを信頼するということです。この頃のアブラハムは、神の摂理に対して強い信仰を持つようになっていました。エリエゼルも同様です。また、アブラハムがエリエゼルに対しても大きな信頼を抱いていたことがわかります。今日、神もわたしたちをこのように信頼することができるでしょうか。

献身と奉仕に関するこのすばらしい物語は続きます。エリエゼルは、一〇頭のラクダと多くの僕を従えて、アブラハムの兄弟ナホルの住むメソポタミアの町へと向かいました。

上司の息子に妻を見つけるため、事前に先方と連絡も取らないまま、遠く離れた国へ旅をしなければいけない状況を、想像してみてください。

祈るエリエゼル

困難の多い、危険な道のりを行き、エリエゼルは目指していた町に到着しました。彼はそこでまず何をしたでしょうか。ナホルがどこに住んでいるかを人々に聞いたでしょうか。自分の力によって、与えられた働きに結果をもたらそうとしたでしょうか。いいえ、一二節を見ると、彼はイサクの伴侶を選ぶために神の導きを求め、熱心に祈ったことがわかります。

三番目の献身は、日々祈るようにと命じています。エリエゼルは、神とつながるための祈りに、より頼んでいました。「神は必ず天使を送られるというア

ブラハムの言葉を思い起こして、彼［エリエゼル］は、熱心に明確な指導が与えられることを祈った」(2)

エリエゼルは、イサクのために備えておられる女性へと導いていただくよう、神に願いました。彼は、自分と会話しているのがその女性であるのかを見極めるため、まず彼女に飲み水を求めることにしました。そして、それが本当にその人であるならば、彼女が彼のラクダにも水を汲《く》むようにしてくださるよう、神に祈ったのです。

創世記二四章一五節には、彼が祈り終えたとき、リベカが町から出てきたと書かれています。彼女を見たとき、彼は走り寄って、水を求めました。すると彼女は、エリエゼルだけでなく、ラクダにも水を汲んでくれたのです。

神に仕えるとき、はっきりと様子のわからない状況に陥ることがあります。そのようなとき、わたしたちはエリエゼルのように前を向き、着々と計画を進めていくでしょうか。それとも、手をつける前にすべてが整えられていることを願い、ためらうだけでしょうか。神の導きに、どれだけ喜んで信頼しているでしょうか。

エリエゼルは、感謝の表現としてリベカに高価な贈り物をしましたが、これは東洋の伝統では、善意の表現でもありました。そしてエリエゼルは、彼女が誰であるか、彼と従者たちを泊める場所があるかを尋ねました。この特別な使命に関して、エリエゼルは神を完全に信頼していましたし、神もそのように答えてくださっていたので、彼はこれほど大胆なお願いをしたのです。

リベカは、自分がベトエルの娘、ナホルの孫、アブラハムの甥《おい》の娘であり、イサクのいとこの子どもに当たることを説明しました。※神が信頼に喜んで報いてくださったことに、エリエゼルがどれほど感激したか想像してみてください。神は今日も、ご自身に仕える者たちに、信じられないほどすばらしい奇跡をもって報いてくださいます。

エリエゼルは圧倒されました。二六節を見ると、彼が真に適切な方法で応答したことがわかります。彼は、「主を伏し拝」んだのです。**第四の献身は、わたしたちの生活における神の働きを、感謝をもって理解するよう招いています。**キリストは救いと、新しい命とをお与えになりました。感謝をささげない理由があるでしょうか。

一連の出来事を不思議に思ったリベカは、急いで家に戻り、すべてを家族に伝えました。そして、兄弟のラバンが井戸まで出向き、エリエゼルを自分の家に招き入れ、彼と従者の分の食事が用意されました。しかし、使命を達成することだけに心を向けていた彼は、自分がそこにいる理由を説明し終わるまで、食事に手をつけませんでした。

ここに、アブラハムからの使命達成に向けたエリエゼルの献身の深さを見ることができます。**神の恵みにより、わたしたちもまた、教会に与えられた特別な使命に対して、疑いのない信仰を持ちましょう。**神はわたしたちを召し出され、キリストの義を世に示し、真の礼拝に人々の目を向ける三天使のメッセージを伝えるように命じておられます。エリエゼルが自分の使命を優先したのと同じように、わたしたちも使命を最優先しましょう。

エリエゼルの話を聞いたリベカの家族は大変驚き、これらの出来事が神のなされたことであることを理解しました。リベカの父と兄弟は、イサクの妻として彼女を連れて行くようにと言いました。こうして再び神の導きが確かなものとなり、エリエゼルは再び神を礼拝したのです。彼は、さらに多くの贈り物をリベカに与え、彼女の兄弟や母親にもいくらかのものを贈りました。

リベカともう会うことはないということを確信した家族は、彼女を連れていく前に一〇日間時間を与えてくれるように、エリエゼルに願いました。しかし、リベカをアブラハムとイサクのもとに送り届けるまで、エリエゼルの使命は終わりません。彼は先を急ごうとしました（五六節参照）。

神に仕えるために使う時間について、わたしたちはどのように考えているでしょうか。わたしたちは、神が与えられた働きを進めることに熱心でしょうか。それとも途中でぐずぐずと時間を過ごしてしまうでしょうか。

「はい」と答えたリベカ

彼女の家族は、当時の慣習から考えれば異例とも言える対応を取りました。リベカ本人に、どうしたいかを決めさせたのです。これまでの展開から明らかな通り、リベカは、エリエゼルが神の始められた特別な働きをしているということを信じるようになっていたので、彼の計画を遅らせたくないと言いました。すぐにでも出発したかったのです。「彼女は、事のなりゆきから、神が自分をイサクの妻に選ばれたことを信じた。そして彼女は、『行きます』と言った」(3)

リベカの家族は、彼女が多くの民の母となるであろうと祝福の言葉をかけ、荷造りを手伝いました。花嫁を探すための一行が、今や花嫁を連れた一行として、家路に着いたのです。そしてこの物語は、イサクがリベカに会ったときのロマンティックな「一目ぼれ」のシーンで幕を閉じます。

聖書には、これ以後のエリエゼルについて何も書かれていませんが、心身共に仕えた彼に報いをお与えになった神への信仰を保ったまま、生涯を終えたであろうとわたしは信じています。エリエゼルに与えられたこの働きを通して、民族として、また神を礼拝する民としてのイスラエルの子孫の礎《いしずえ》が築かれたことに、疑問の余地はありません。また、この働きが、地上に生まれ、死に、よみがえって永遠に生きるというイエスの使命を達成するために、道を備えたことも間違いありません。そうして、イエスの恵みとそれを受け入れるわたしたちの信仰を通して、永遠の命が与えられるという約束が、確かなものとなったのです。

もしエリエゼルが、地上の主人と天の主から任された困難な務めを喜んで実行しなかったとしたら、どうなっていたでしょうか。もしエリエゼルが、彼を守り導くという神に絶対的な信頼を置いていなかったとしたら、どうなっていたでしょうか。しかし、彼は信じたのです。

エリエゼルが主を全面的に信頼し、一つひとつ奉仕の働きを成し遂げていったのと同じように、**わたしたちも神に仕えるあらゆる働きにおいて、心から信頼していかなければなりません。神に、完全により頼むのです。**わたしたちが裏切られることはありません。聖霊を通して、神はわたしたちを覆うように守り、導いてくださいます。奉仕への門をくぐる者に、神はご自身の目を注いでおられます。終わりの時にいたるまで、共にいてくださると約束してくださったのです。

わたしは散歩をするのが好きです。ある日散歩を楽しんだ後、家に向かって歩いていると、細い田舎道の路肩に小さな鳥がとまっているのが見えました。全体がきれいな青色で胸がオレンジ色の、ルリツグミという鳥でした。近づいていけば、飛び立つだろうと思っていたのですが、不思議なことに、地面にとまったまま、動こうとしませんでした。

見ると、もう一羽のルリツグミがその傍らで死んでいたのです。二羽が飛んでいたところ、一羽が車にぶつかり、死んでしまったに違いありません。また車にひかれないように、死んでいた鳥を脇に動かしましたが、生きている方の鳥は、その場から動くことなく、わたしを見つめていました。

家に帰ってから、その様子を妻のナンシーに伝えました。彼女は理学療法士で、患者の中に鳥類学の専門家がいました。彼に話したところ、このように言っていました。「ルリツグミは、一夫一妻の鳥です。一羽がけがをしたり、死んだりすると、相手はそこにとどまり、自分が死ぬまで、食べもせず飲みもしないということがよくあります」

イエスは弟子たちにおっしゃいました。「二羽の雀《すずめ》が一アサリオンで売られているではないか。だが、その一羽さえ、あなたがたの父のお許しがなければ、地に落ちることはない。……だから、恐れるな。あなたがたは、たくさんの雀よりもはるかにまさっている」（マタイによる福音書一〇章二九〜三一節）。「雀が落ちることもご存じのお方に、信仰をもってあなたの心配事をゆだねるなら、その信頼が無駄になることは決してない。神の確かな約束に安らぎ、誠実な態度を保ち続けるなら、神の天使があなたを囲むであろう」(4)

あの小さなルリツグミがそのパートナーのそばに立っていたように、神は奉仕する者のそばに立ってくださいます。あのか弱い鳥とは違い、神が死なれることはありません。神は、永遠の創造主です。神への奉仕という使命にあるわたしたちを、決して見放されることはありません。エリエゼルの生涯を最後まで見守られたように、わたしたちのことも最後まで支えてくださいます。

帰郷の時は近いのです。神が招いておられる奉仕の生涯とは、人々がその家へ帰る備えをするために、心からお手伝いする生涯です。わたしたちは、神を主として仕えることを通して、神の導きと守りに信頼を置くことを通して、日々の祈りと聖書の学びを通して天とつながることを通して、神への感謝を表すことを通して、また、救いを必要とする世界に、キリストとその義、真の礼拝のメッセージを届ける再臨運動という使命を果たすことを通して、この招きに応えることができるのです。

（1）『希望への光』一三一二ページ。
（2）同八五ページ。
（3）同ページ。
（4）Ellen G. White, *Testimonies for the Church* (Oakland, CA: Pacific Press®, 1885), 2:72.

※この場面から、なぜアブラハムが自分の親族からイサクの妻を探すよう、エリエゼルに求めたのかをうかがい知ることができる。リベカは、自分の父がベトエルであることを告げた。「エル」という言葉は、ヘブライ語で神を意味する。アブラハムは、イサクの妻となる女性が神を礼拝する者であることを望んだのである。それは、後に続く世代に対して彼女が与える影響力を考慮してのことであった。

第8章

世界に健康を

出エジプト記一五章二六節は、健康に関する力強い聖句の一つです。これは、エジプトから脱出してきたイスラエルの民に対して、主がお与えになった約束です。

もしあなたが、あなたの神、主の声に必ず聞き従い、彼の目にかなう正しいことを行い、彼の命令に耳を傾け、すべての掟《おきて》を守るならば、わたしがエジプト人に下した病をあなたには下さない。わたしはあなたをいやす主である。

何という喜ぶべき約束、喜ぶべき祝福でしょうか。ここに書かれているような健康が与えられるなら、本当にすばらしいことでしょう。親戚や隣人、同僚がやってきて、どうすればそれほど健康になれるのかを尋ねてくるはずです。もしかしたら、このような約束をしてくださるほどにわたしたちを気遣ってくださる神様のことも知りたいと思うようになるかもしれません。

セブンスデー・アドベンチストであるわたしたちは、人々から自由と力を奪う病を避けるにはどうしたらよいかを知っています。それでは、個人的に、あるいは一つの教会として、あるいは世界教会として、わたしたちにはどれほど大きな責任が与えられているでしょうか。どうすれば、この世界を助けていくことができるでしょう。

過去の出来事から学ぶために、イスラエルの人々の経験を簡単に見てみましょう。世界に対してわたしたちが負っている役割を考えるにあたって、約束の地へ向かう彼らの旅路に目を向けましょう。

出エジプト記の一四章と一五章には、ファラオとエジプト軍からイスラエル人が解放されるときの驚くべき出来事がいくつか記録されています。彼らは、歓喜にあふれていました。そして、解放が誰の力によるものかを知っていました。出エジプト記一四章三一節には、「イスラエルは、主がエジプト人に行われた大いなる御業《みわざ》を見た。民は主を畏《おそ》れ、主とその僕《しもべ》モーセを信じた」と書かれています。

この聖句を詳しく見ていきましょう。イスラエルの人々は、彼らのためになされた「大いなる御業」を自分たちの目で見ました。主がそれを行われたことを目撃したのです。そして主を畏れ、主を信じました。これは、今日の神の教会においても決して見落としてはいけないことです。さらにイスラエルの民は、神の僕モーセのことも信じました。神の預言者を信じたということですが、この点も、今日の神の教会にとって重要です。

出エジプト記一五章の三分の二は、モーセとイスラエルの民が神に向かって歌った勝利の歌からなっています。そのうちの一つでは、神の「右の手」の力強さが表現されています。六節は、「主よ、あなたの右の手は力によって輝く。主よ、あなたの右の手は敵を打ち砕く」と高らかに歌っています。

興味深いことに、教会に与えられている使命について語るとき、エレン・ホワイトは医事伝道の働きを手に例えています。

手や腕が体につながっているように、医事伝道の働きは福音宣教の働きと強くつながっていなければならない。医事伝道の活動を強調し、安定したものとするために、福音宣教の働きが必要である。そして、福音の実際的な表現を示すために、宣教には医事伝道が必要である。主はそのお働きを調和のとれたバランスの良い方法で進められる。主のメッセージは、世界中に伝えられなければならない。(1)

出エジプト記からのさらなる教訓

もう少し出エジプト記一五章を見てみましょう。イスラエルの人々は、数日間は喜んでいたのですが、やがて大きな問題に直面していることに気がつきました。今彼らは砂漠にいて、そこで見つけた水は苦くて飲むことができません。二四節には、このとき人々が「何を飲んだらいいのだ」と言って、預言者に不満をぶつけたと書かれています。

エジプトの奴隷状態から解放された三日前の喜びが続くのも、渇きを癒《いや》す水がないことに気がつくまでのことでした。神の驚くべき力は、紅海に道を作られたときに確かに働いていました。人々は神とその預言者を信じ、解放してくださった神への賛美を歌ったのです。しかし、三日の後、彼らの勝利の喜びは、絶望へと変わりました。紅海の奇跡の記憶がまだ新しいので、彼らが「神がしてくださることを信じよう」と言うに違いないと思われるかもしれませんが、実際に出てきたのは不満の言葉でした。彼らは、神のことも預言者のことも信じなかったのです。

二五節には、「主は彼に一本の木を示された。その木を水に投げ込むと、水は甘くなった」とあります。これがどのような種類の木だったのかはわかりませんし、その木に含まれていた化学物質が苦い水を甘く変えたのか、主ご自身が直接変えられたのかはわかりません。いずれにしても、二一世紀のセブンスデー・アドベンチストにとっての教訓は、神に課せられた働きの中で問題に直面するとき、神に叫び求めるなら、神はわたしたちに「木」を見せてくださるということです。神はご自身の力を見せてくださいます。

わたしたちセブンスデー・アドベンチストも、気の移りやすい彼らのようにふるまってしまうことがあります。イスラエルの民の気持ちは、頻繁《ひんぱん》に上がり下がりを繰り返しました。勝利のときには高まり、不満を言うときには下がってしまうのです。わたしたちもそのようなパターンに陥ることはないでしょうか。


出エジプト記一六章には、イスラエルの人々の次の失敗体験が記録されています。彼らは、食糧が少しずつ減っていることに、文句を言い始めたのです。ここでは、最初は飲むものがないことに苦情を言っていた彼らが、今は食べるものについてぼやき始めたという事実に触れるだけにしておきます。

一五章二五節には、彼らが不満をもらしたとき、「モーセが主に向かって叫」んだとあります。モーセは確かにこうすべきでしたし、今日のわたしたちもまた同じようにすべきです。わたしたちは神を通してのみ、力を得られるのです。

このポイントは、健康に関する力強い聖句の一つとして、この章のはじめに引用した、出エジプト記一五章二六節にもはっきりと示されています。健康的なライフスタイルや、健康改革、生活の刷新に興味のある人が、モットーとすべき聖句です。もう一度引用しましょう。

もしあなたが、あなたの神、主の声に必ず聞き従い、彼の目にかなう正しいことを行い、彼の命令に耳を傾け、すべての掟を守るならば、わたしがエジプト人に下した病をあなたには下さない。わたしはあなたをいやす主である。

世界は今、この言葉が必要とされるような重要な局面を迎えています。あらゆるものが崩壊しかけているのです。経済の混乱は、大恐慌以来のものですし、政情の不安定もいたるところに見られます。H1N1（新型インフルエンザ）などの特殊な病気は人々に恐怖を与え、社会・道徳はまさに退廃へと向かっています。そして、宗教連合のシステムを作る運動が起こり、神の第七日安息日に礼拝する宗教的自由を奪おうとします。このような問題から、人々は絶望に陥りますが、だからこそ、希望が必要になるのです。

神は、世界に最後の警告のメッセージを伝えるため、残りの教会を召し出されました。あらゆる意味で希望を必要としている世界に、神の救いの偉大な計画を伝えるため、聖霊は教会をお用いになります。それは、今受ける個人的な安らぎへの希望であり、キリストが間もなく来られるという希望でもあります。

人々ははっきりとした思考を持って考えることが必要であり、わたしたちも同様です。健康についての具体的手当てと、健康的ライフタイルの推奨を合わせた独特の方法で社会の助けとなるためには、はっきりとした思考を持っていなければなりません。エレン・ホワイトは、心に迫る勧告を与えています。

真理の高尚な性質を認め、贖《あがな》いに価値を置き、永遠の事物を正しく評価するためには、曇りなく力に満ちた知性が必要である。誤った道に進み、食物に関して悪習慣にふけることで知的な能力を弱めるのであれば、救いと永遠のいのちを重大なものと思わないようになり、自らの生活をキリストのそれと一致させていこうという気を失うことになるであろう。(2)

適切な指導を求めて

人々は今日、何を食べ、何を飲んだらいいのか、どのような生活を送るべきかを知りたいと願っています。世界に次から次へと危機が迫る、人類の歴史の中でも決定的に重要なこの時に、わたしたちは進み出て、パウロと共に次のように言うことができます。

知らないのですか。あなたがたの体は、神からいただいた聖霊が宿ってくださる神殿であり、あなたがたはもはや自分自身のものではないのです。あなたがたは、代価を払って買い取られたのです。だから、自分の体で神の栄光を現しなさい。……（そして、）あなたがたは食べるにしろ飲むにしろ、何をするにしても、すべて神の栄光を現すためにしなさい。（コリントの信徒への手紙一・六章一九、二〇節、一〇章三一節）

これらの聖句と、信仰の子どもたちに対する使徒ヨハネの願いを合わせて見てみましょう。「愛する者よ、あなたの魂が恵まれているように、あなたがすべての面で恵まれ、健康であるようにと祈っています」(ヨハネの手紙三・二節)。

ここに、壮大なリバイバルと改革を始めるための処方箋があります。このリバイバルと改革は、肉体的、精神的、社会的、霊的にバランスのとれた健康について、人々が今までにない形で気がつくように助ける働きです。エレン・ホワイトは、伝道のためのそのような方法を強く擁護し、このように述べています。「わたしたちも弟子たちのように働くことは、神の計画である。肉体をいやすことは福音伝道の任務と一つに結びつくものであり、福音の働きの中では、教えることと病をいやすこととは、決して分離させてはならない」(3)

わたしたちは、聖霊の力によって、黙示録一四章六〜一二節にある三天使のメッセージを宣べ伝えることができます。黙示録一四章の第一天使は、苦い水を甘くし、飢えた人々にマナを与えた神が世界に伝えようとされている「永遠の福音」には、健康のメッセージが含まれていると語っています。そして、**健康メッセージを世界に伝えるというその働きを、神はセブンスデー・アドベン**

チストに託されたのです。セブンスデー・アドベンチストの健康メッセージと健康事業は、三天使のメッセージの要《かなめ》です。

聖霊の力を得て、この証《あかし》の働きを次の段階へと進めましょう。神に叫び求め、この人類歴史の終わりの時に、わたしたちを用いてくださるよう願いましょう。健康改革と医事伝道の活動を通して、健康的なライフスタイルをもたらすためのリバイバルと改革の働きに加わりましょう。

エレン・ホワイトのアドバイスに耳を傾けましょう。

時の終わりが近づくにつれ、わたしたちは今以上に、ますます向上し、積極的で、確信に満ちた態度をもって、健康改革とクリスチャンの節制の問題を人々に示さなければならない。言葉だけでなく、行いを通して、人々を教育し続けることに尽力する必要がある。教えと実践が組み合わされるとき、効果的な影響が期待できる。(4)

信じているとおりに生きましょう。食生活や運動、生活習慣に関して、聖書と証の書《ふみ》に基づいた標準を実践しましょう。個人の生活に立ち入るつもりはありませんが、これは実際には、人々に菜食主義を勧め、菜食生活を実践するという意味です。セブンスデー・アドベンチストであってもなくても、赤ワインの引用に関して不必要な議論をするのはやめましょう。アルコールもカフェインも、体にとって悪いものなのです。誘惑にさらされ、危険な状態にある青少年たちに向けた地域のサービスや、ほかのさまざまな活動を始め、進めていきましょう。健康的で薬物の害を受けない、高い水準の生活を世界と分かち合うように、神は求めておられます。聖霊の力を受け、これを宣べ、教え、実践しましょう。

ダニエル書八章一四節の誤った解釈から起こった失望と、その節の新たな理解から始まったこのセブンスデー・アドベンチストという運動は、約一六五年の歴史を持っています。神は、神を信じる者たちを通して、地上に住む者たちのための働きを終わらせられますが、世界はあとどれほど待たなければならないのでしょうか。この運動は、数多くある宗教グループの一つになってしまうしかないのでしょうか。答えは、はっきりとした「否」です。

この働きには、眼科の検査技師の優しい対応が必要です。手術前に祈る外科医が必要です。理学療法士の励ましが必要です。温かいケアをほどこす看護師、広範囲の感染症に対処する公衆衛生従事者、患者の呼吸を助ける呼吸器の専門家、地域のために健康原則の実践を解説する健康教育者、肉体的健康と霊的健康の関係を説明する牧師、難しい処置の後に安心させる言葉をかける歯科医、地域の各家庭における健康と信仰に関する本を紹介する文書伝道者、患者の容体に心を配る栄養士、忙しい合間を縫って健康展で講義をする心臓専門医、青年が依存症から立ち直る手助けをする心理学者、健康を回復し、八つの自然療法と簡素な生活の利点を親族に説明する人、全粒粉でできたパンを近隣に配ったり、のどの渇いた人に水を差し出したりする教会員。医事伝道の働きは、人々の実際の必要に応え、イエスの愛を表すことでなされます。

医事伝道の働き

かつて、エレン・ホワイトは次のように書きました。「現代の真理を人々にもたらすためのくさびとして、医事伝道の働きが示されました。この働きを通して、人々の心に触れ、偏見を持っていた人たちも和らげられ、穏やかになるのです。この働きこそ、今日なされなければなりません」(5)「医事伝道の働きは福音の開拓事業である。み言葉の宣伝と医事伝道の働きとによって福音は宣べ伝えられ、実践されなければならない」(6)

教会に出席し、その働きを通してキリストを証ししている医療・健康の専門家は、地域教会を生活・健康センターへと変えることができます。教会を地域の健康センターとするのは、あまりコストがかからず、非常に効果的な予防医療への取り組みです。このようにして、人々の生活習慣を健康なものへと変えていくことを、神は望んでおられます。

人が全人的に、つまり、肉体的、精神的、社会的、そして霊的に、生命のあらゆる側面において回復されていくことを、神は願っておられます。教会として、わたしたちは確かに生命の霊的な部分を発達させる働きをしてきました。しかし、聖書の真理と肉体的な健康とのはっきりとしたつながりについて伝えることには、あまり積極的ではありませんでした。神がセブンスデー・アドベンチストに健康的な生活習慣に関する特別な光をお与えになり、この光をもって社会を助けるようにと命じられていることを、わたしたちは真に信じているでしょうか。エレン・ホワイトは、次のような勧告を与えています。

すべての牧師が、医事伝道の実際的な働きをする備えをしているべきである。手や腕が体につながっているように、医事伝道の働きは福音宣教の働きと強くつながっていなければならない。健康改革の原則が普及することに対する後ろ向きな姿勢は、自己否定を望まないことから生まれる。大都市において、医事伝道が福音宣教と共になされなければならない。そうすることで、真理が入っていく扉が開かれるのである。(7)

世界中の大都市で福音を伝える道を開くため、医事伝道の活動を用いる必要があります。この働きを成功させるためには、バランス感覚と知恵が必要です。再び、霊感の書からの言葉です。

健康改革は、賢明に進められるのであれば、首尾よく真理が入り込んでいくためのくさびとなる。しかし、健康改革を、健康メッセージの重荷の部分であるかのように軽率に提示するなら、未信者の中に偏見が生まれ、真理への道を閉ざしてしまい、わたしたちは過激な考えを持ったグループとしてみなされる。主は、ご自身のみ心が何であるかについて、わたしたちが賢明さと理解力を持つことを望んでおられる。過激なグループとしてみなされることがないようにしなければならない。(8)

社会の混乱が深まり、キリストの再臨が近づく今日、肉体的奉仕と霊的な奉仕を力強く結びつけるというこの働きを広げていかなければならないのは、一体なぜでしょうか。「教会を通しての宣教の働きができなくなり、医療宣教のみが残る時が間もなく来るということを、あなたたちに伝えたい」(9)

医事伝道の働きは、終わりの時に人々をだますためにサタンが用いるニュー・エイジ、神秘主義、異教的哲学の解毒剤となります。わたしたちは、善と悪の大争闘の最後の戦いがキリストとサタンによって繰り広げられているその場にいるのです。

何をすればいいのか

医事伝道として、わたしたちには何ができるでしょうか。生活、職場、家庭、教会にリバイバルと改革が起きるよう、聖霊に願うでしょうか。聖霊に、自分を通してリバイバルと改革を始めていただくでしょうか。**ほかの教会員や働き人、教会指導者を待っていてはいけません。終わりの時代に対する神のご計画に従って一歩踏み出し、働きを始めていくことを神と世界は求めています。**

健康・医療の専門家は、牧師と協力して、地域教会が主催する健康講演会の講師となることができますし、健康メッセージを取り入れた伝道講演会に牧師と共にかかわることもできます。牧師や教会指導者は、聖霊の導きのもとリバイバルと改革を進め、すべての教会を地域の健康センターとすることを通して、この複合的伝道という考えを理解し、支援することができます。

神は、人間の肉体的・霊的側面に触れることのできる新しいリバイバルと改革に火を点《つ》けるため、セブンスデー・アドベンチストや、同じ思いを持った人々に対して、新たな呼びかけの声を大きくしておられると、わたしは信じています。わたしたちは、セブンスデー・アドベンチストの持つ健康伝道の豊かな遺産に従って生きるだけでなく、健康改革や健康増進、基礎的保健衛生、医事伝道への取り組みに、新たな思いと創造性をもって力を尽くすことも必要です。このような働きは、再臨運動の最後の宣教にとって間違いなく有益なものとなります。「世界が一九〇〇年前に必要としたもの、すなわち、キリストの黙示は、今日も必要であり、大改革の働きが要求されているが、肉体と知能と精神の回復は、キリストの恵みによって初めて完成されるものである」(10)

キリストは間もなくおいでになります。わたしたちは、霊的リバイバルと改革の働きに召されています。黙示録に書かれている希望と裁きについて、キリストのメッセージを伝えるため、神の前に身を低くするように命じられています。また、神に託された健康改革と生活習慣の改善に関する特別なメッセージを世界に対して高く掲げるように、また、今日専門的に見ても高い健康の標準を保ち、人々の目を、「わたしは病をあなたには下さない。わたしはあなたをいやす主である」という大医師である神へと向けさせるよう、召されているのです。そして、神は完全な回復を与えてくださると約束しておられます。

わたしたちは、あらゆる点で実践的な、真の意味での医事伝道をなすために、リバイバルと改革を求めるよう命じられています。人々を、真の医事伝道者、最高の医師、救い主、間もなく来られる王であり、「わたしが来たのは、羊が命を受けるため、しかも豊かに受けるためである」とおっしゃるイエス・キリストのもとへ導くよう命じられています。

皆さんはいかがですか。個人として、グループとして、リバイバルと改革を求め、心を尽くしていますか。人々を肉体的、精神的、社会的、霊的に助けることを目指し、健康伝道の方法を考え、実行することで、実際的な医事伝道の働きに力を注いでいますか。豊かでバランスの良い生涯を与える最高の医師イエスに人々を導くために、献身していますか。

（1）Ellen G. White, *Ministry to the Cities* (Hagerstown, MD: Review and Herald®, 2012), 132.
（2）White, *Testimonies*, 2:66.
（3）『ミニストリー・オブ・ヒーリング２００５』一一六ページ。
（4）White, *Testimonies*, 6:112.
（5）Ellen G. White, letter 110, 1902.
（6）『ミニストリー・オブ・ヒーリング２００５』一一九、一二〇ページ。
（7）Ellen G. White, Manuscript 117, 1901.
（8）Ellen G. White, *Selected Messages* (Washington, DC: Review and Herald®, 1980), 3:285.
（9）Ellen G. White, *Counsels on Health* (Mountain View, CA: Pacific Press®, 1923), 533.
（10）『ミニストリー・オブ・ヒーリング２００５』一二八ページ。

第9章

大都市への責任

イエスは、古代イスラエルの首都に、勝利の入城をなさるところでした。彼と群衆は、町の外にいます。町を見下ろす丘の頂《いただき》に来たとき、イエスは立ち止まりました。栄光に満ちたエルサレムは、暮れゆく日の光を映しています。神殿の壁の真っ白な大理石と、金でその頭を覆われた柱が、目もくらむばかりの美しさを作り出しています。ルカによる福音書一九章四一、四二節には、この町を見下ろされたときのイエスの反応が記録されています。「エルサレムに近づき、都が見えたとき、イエスはその都のために泣いて、言われた。『もしこの日に、お前も平和への道をわきまえていたなら……。しかし今は、それがお前には見えない』」

イエスは、町のために、そして、そこに住む人々のために、涙を流されたのです。人々が彼の呼びかけを拒絶することも、死刑を求めることも、彼はご存じでした。しかし、怒りに満たされることも、憤慨されることもありませんでした。イエスは、涙を流されたのです。その町に住む人々のために、涙を流されました。ご自身の愛がないがしろにされるという、言葉にならない悲しさのゆえに、イエスは泣かれたのです。ご自身を救い主として認めず、その言葉の真実から離れていく人々にこれから起ころうとしていることを思い、涙を流されました。どれだけの人が、イエスと共に、この世界の町々のために涙を流しているでしょうか。どれだけの人が、イエスのように、言い表せないほどの愛を持って、そこに住む人々に目をそそいでいるでしょうか。

イエスと共に、この世界の町々のために涙を流すべき時があるとすれば、それは今です。

ごく最近まで、ほとんどの社会が農作中心で、都市ではありませんでした。ほとんどの人が田舎に住み、農業を生業としていたのです。それが今や変わりつつあります。現在、都市部の人口は、都市以外の地域のそれを上回っています。二〇五〇年までには、推定一〇〇億人の世界人口のうち、約七〇パーセントが都市部に住むであろうという予測もなされています。今、都市に対する涙は流されているでしょうか。都市部に住む人々の救いのために、何をしようと思われますか。キリストの心には、彼らの信仰が保たれることへの関心が常にありました。わたしたちの心にも、同じ関心があるべきです。

マタイによる福音書九章三五～三八節には、都市に住む人々に対するイエスの働きが記されています。

イエスは町や村を残らず回って、会堂で教え、御国の福音を宣べ伝え、ありとあらゆる病気や患いをいやされた。また、群衆が飼い主のいない羊のように弱り果て、打ちひしがれているのを見て、深く憐《あわ》れまれた。そこで、弟子たちに言われた。「収穫は多いが、働き手が少ない。だから、収穫のために働き手を送ってくださるように、収穫の主に願いなさい」

神は、収穫が多く、働き手の少ない都市へ入っていくようにと、呼びかけておられます。キリストが涙をお流しになった多くの住民たちに対して、わたしたちも憐れみの心を抱くように招いておられます。キリストは彼らのために死なれ、彼らのために今、天の至聖所で執り成しをしておられるのです。キリストは近い将来、彼らのために再びおいでになります。

神は、黙示録一四章の三天使のメッセージを宣べ伝えるよう、呼びかけておられます。神の愛、義、そして死にゆく世界への警告を伝えるように、そして、間もなくキリストがおいでになることを知らせるように、呼びかけておられます。**皆さんは、大都市に住む人々のことを心にかけているでしょうか。彼らの救いのために、喜んで働かれるでしょうか。**

わたしたちが神からの特別な使命を進めていくことを、神は待っておられます。それは、黙示録一二章一七節において称賛されている霊的な特徴、すなわち、神の戒めを守り、イエス・キリストの証しを保っていることを、世界に対して高く示すという働きです。

神はご自分の民に、ご自身が示された方法をもって都市部に働きかけることを、一〇〇年以上訴えておられます。証《あかし》の書《ふみ》には、都市部での伝道に関する指示が豊富に書かれています。それは、持続可能で、よく配慮された、包括的な働きであり、都市部の多くの人々に近づくため、教会活動のあらゆる側面を活用するものです。心を低くして、神のみ心を求めながらこの働きにつく者は、自らにできることをなし終えたときに、神からの祝福を得ることができます。

もう一度、力を

世界の大都市に住む人々に対する教会の活動を再び活発なものにするため、エレン・ホワイトは次のように語っておられます。

神が過去にお与えになったメッセージが変化したわけではない。都市部での伝道活動は、今日非常に重要なものである。都市への働きかけが、神がなさるであろう形で進められるとき、その実りとして、わたしたちが今まで見たこともないほど力強い働きの開始がもたらされるだろう。わたしたちは一つの民として、自らの必要についての感覚や、自分たちが生きているこの時代に対し、半ば寝ぼけてしまっているというわけではない。見張りよ、目覚めよ。まずなされるべきは、心を探り、再び悔い改めることである。重要でない事柄のために、無駄にできる時間はないのである。(1)

これが、神が今日わたしたちにお与えになっているメッセージです。ここには、リバイバルと改革への呼びかけに対して、わたしたちがいかに応えるべきかが教えられています。**わたしたちは、今一度回心を経験しなければなりません。神が残りの教会に宣べ伝えさせようとしておられる重要な事柄に、注目しなければなりません。世界に福音を知らせるというわたしたちの使命に、完全に献身しなければなりません。献身をもって聖霊に服従し、神がわたしたちに課せられた事柄の実行のために自らが備えていただけるよう、神のみ心に謙遜に従わなければなりません。**

わたしたちの世界のあらゆる側面が、政治、経済、社会、そして人と人との距離ということを考えても、ばらばらになってきています。イエスが間もなくおいでになることをわたしは信じています。その時期について疑いを抱かせるサタンのわなにかからないようにしましょう。次の聖句の中で、ペトロが念頭に置いていたようなグループに加わらないようにしましょう。

終わりの時には、欲望の赴くままに生活してあざける者たちが現れ、あざけって、こう言います。「主が来るという約束は、いったいどうなったのだ。父たちが死んでこのかた、世の中のことは、天地創造の初めから何一つ変わらないではないか。」……このことだけは忘れないでほしい。主のもとでは、一日は千年のようで、千年は一日のようです。ある人たちは、遅いと考えているようですが、主は約束の実現を遅らせておられるのではありません。そうではなく、一人も滅びないで皆が悔い改めるようにと、あなたがたのために忍耐しておられるのです。（ペトロの手紙二・三章三〜九節）

確かな事実、それはイエスが間もなくおいでになるということです。イエスご自身が使徒ヨハネに、再びおいでになることの確かさを繰り返し伝えておられます（黙示録二二章七、一二、二〇節）。わたしたちは、終わりの時代を生きています。わたしたちの身の周りのしるしは、その前兆です。ですから、わたしたちが聖霊によってリバイバルと改革に努めるよう、神は呼びかけておられます。疑わず神の言葉と証の書に従い、都市部での働きを拡大するため、聖霊の注ぎを熱心に、真剣に祈ることを、神は求めておられます。そして、わたしたちがこの働きにつくとき、「いまだ目にしたことのないほどに力強い運動」を体験できるということを、神は約束してくださっています。

キリストの方法をもって、わたしたちの働きを前進させましょう。それは、エレン・ホワイトが示すように、「人の心を動かす」ための「真の成功をもたらす」唯一の方法です。[2] ホワイト夫人は、その方法を描写しています。

救い主は、

1、人間と**交際し**ておられた間、

2、その人たちの**利益を許られ、**

3、**同情を示し、**

4、**その必要を満たして**

5、**信頼をお受けになった。**

6、そして**「わたしについてきなさい」とご命令になった。**(3)

イエスの模範にならい、彼のもとへ人々を導きましょう。

再び来られるその時まで

リバイバルと改革は大変重要です。わたしたちが、主のお帰りまでにすることのすべてが、この二つの経験を土台としていなければなりません。わたしたちは、自分たちの力ではなく、主の力を必要としています。「武力によらず、権力によらず、ただわが霊によって、と万軍の主は言われる」(ゼカリヤ書四章六節)。**悪の力のゆえに手ごわい要塞《ようさい》となっている大都市への直接的な伝道のためには、聖霊の力が不可欠です。**聖霊の力によって個人的に、またグループとしてリバイバルと改革を経験する人は、メッセージと奉仕を通した伝道へと引き寄せられていきます。

最近、リバイバルと改革への呼びかけに感謝の念を抱きながらも、奉仕活動を通しての伝道に疑問を抱く方の書いた原稿の下書きを読みました。リバイバルと改革は、メッセージによる伝道への注力を含む、セブンスデー・アドベンチスト教会の活動すべてに影響を与えるものです。リバイバルと改革の結果として、今日存在している中心的な都市とその郊外への伝道的な働きかけがなされなければならないことに、間違いはありません。

宣教領域内の都市に、三天使のメッセージを広めようという価値ある働きが、すでにさまざまな教会や教区によってなされ、神の祝福を受けています。世界各地のセブンスデー・アドベンチスト教会機関は、大都市伝道の使命に注意を向けています。しかし、都市での活動は決して容易ではなく、「神がなされるように、都市部で働く」という教会に与えられた計り知れないほど大きな責任に対し、わたしたちの関心は散発的で、一貫性や継続性に欠けています。だからこそ、キリストの来られる時が迫っている今、わたしたちは神の導きに従い、世界の中心的な大都市とその郊外における包括的な伝道プログラムを立ち上げなければなりません。また、聖書と証の書に描かれているような、さまざまな奉仕を通しての伝道方法を、可能な限り活用していかなければなりません。

神は、都市において証をするように呼びかけておられます。残りの民に対する神からの具体的なアドバイスである証の書には、聖霊の導きのもと、さまざまな奉仕による伝道活動をするべきであることが示されています。これらの活動では、地域の中心となる施設、教会、教会員、青年のグループなどが有効に用いられ、あらゆる種類の活動がなされます。文書伝道、小グループ活動、医療伝道、健康講演会、戸別訪問、キリストの方法に基づく地域福祉活動、アドベンチスト・コミュニティ・サービスやアドラによる活動、メディアを活用した伝道、カウンセリング・センターや図書室、アドベンチスト・ブック・センター、信徒・青年・聖書教師による聖書研究会、児童伝道、個人への働きかけと証、公衆伝道、そのほか聖霊によって促されるさまざまな種類の伝道があります。

牧師と信徒が共に働くことが必要です。証の書に書かれている通り、教会組織と機関が協力するように、牧師と健康・医療の専門家は、魂の救いのために力を合わせて働かなければなりません。『各時代の大争闘』などのキリスト教書籍を通して、何百万もの人々が、わたしたちの生きるこの時に目を向けます。(4) そのような書籍を配布する、多くの教会員が必要なのです。

包括的で持続性のある伝道活動に、すべての人が献身する必要があります。それは、一九世紀末から二〇世紀初めにサンフランシスコで行われた都市伝道を再現するものです。レビュー・アンド・ヘラルド誌一九〇六年七月五日号（英文）で、エレン・ホワイトは次のように述べています。

ここ数年、サンフランシスコの「ミツバチの巣」は、確かに忙しいものであった。教会の兄弟姉妹によるクリスチャンとしての取り組みが、さまざまな形でなされた。これには、病人や貧しい人々への訪問、孤児への家の提供、失業者の就職支援、病人の看護などが含まれ、家々を回って真理について語ることや、書籍の配布、健康な生活や病気の手当に関する講義なども行われた。ラグーナ・ストリート集会所の地下では、子どもたちのための学校も開かれた。労働者のための仮住居や、医療伝道の機会も設けられた。市庁舎近くのマーケット・ストリートでは、セント・ヘレナ・サニタリウムの一機関として、治療室が置かれた。同じ地域には、健康食品店が開かれた。コールビルからさほど離れていない、市の中心部により近い場所で、菜食カフェが、完全休業の安息日以外の六日間営業した。海岸周辺では、船を用いた宣教活動がなされた。牧師たちは、市の大きな会場を使って、何度か集会を開いた。このようにして、警告のメッセージが、多くの者たちによって伝えられたのであった。

わたしたちは、世界中のあらゆる支部、あらゆる国、あらゆる町に伝道をするための、聖霊の導きに基づく戦略的な計画を必要としています。それは、活動のための「ミツバチの巣」が作り出される計画です。

わたしたちは神の恵みを受け、「かかわり合いの文化」とでもいうべきものを再び活発にさせなければなりません。**天の住まいに帰るため、わたしたちの命を、労力、才能、資源、そして時間を、神の働きを終わらせるためにささげようではありませんか。**エレン・ホワイトは、次のように述べています。

わたしは、神の民が、何か変化の起こることを、強制的な権力に支配されるのを待っていることを示された。しかし彼らはまちがっているのだから、あてがはずれるだろう。彼らは行動しなければならない。彼らはみわざを自分たちの手中に握り、自分たちでみわざについての真の知識を、神に熱心に求めねばならない。(5)

「みわざについての真の知識」を求めて祈りましょう。また、黙示録一四章の三天使のメッセージをもって世界の大都市に働きかけるという、大きなわざを始めるために、導きを求めましょう。

わたしたちの使命は、聖書の原則と、証の書の勧告に基づいていなければなりません。この働きは表面的なものではなく、天からの導きのもとに立てられた計画を含み、エレン・ホワイトによってその概要が示されています。それは、都市の「内と外」というアプローチです。都市の「内」側では、「その地域の中心となる施設」を確保しなければなりません。教会、健康クリニック、健康センター、読書室、菜食レストラン、コミュニティ・センターなどです。都市の「外」側では、「前哨地《ぜんしょうち》」が必要です。それは、伝道者のトレーニング・センター、生活習慣指導センター、そして、都会で奉仕する伝道者たちの住居、また、彼らが神の第二の本である自然とふれあい、元気を回復する場所などです。

世界の中心的な都市に神が抱いておられる計画を実行に移すため、必要な一歩を喜んで踏み出し、「力強い運動」をもたらしたいという気持ちが、わたしたちにはあるでしょうか。それとも、ヨナのように逃げようとしているでしょうか。大都市にメッセージを伝えよという神の召しを拒み、大きな魚の腹にたどり着いてしまった、あの消極的な預言者のような気分になることはないでしょうか。

実話

ヨナ書には、実在の人物、実在の魚、ニネベに行きその滅亡を伝えよという実際の任務に関する実話が書かれています。ヨナの話や、ほかの聖書の出来事を、単なる象徴や寓話として軽く見てはいけません。聖書の中の奇跡の物語は真実であり、神の大きな力を表しています。神の聖なる言葉と、証の書が真正のものであることを信じましょう。神がすべてを支配しておられるということ、また、その指示に従うことを要求していることを、神の言葉ははっきりと語りかけています。ホワイト夫人は次のような勧告を与えています。

聖書の学びのためにもっと時間を取りましょう。私たちは当然理解すべきほどには、御言葉を理解していません。……一つの民として私たちが、この書が私たちにとって何を意味するかを理解する時、私たちの間に大きなリバイバルが見られるでしょう。(6)

神の言葉は、わたしたちが受け入れ、信じ、真理として支持するものの基礎となります。また、リバイバルと改革にとって必要不可欠です。

残念なことに、敵国の首都で罪を糾弾《きゅうだん》することに恐れを抱いたヨナは、神の言葉を完全には受け入れませんでした。しかし、ヨナ書二章三節（口語訳は二節）に書かれている通り、彼はすぐに「陰府《よみ》の底から」主に助けを求めることになり、神は彼の声を聞かれました。神は、わたしたちが今日のニネベにおける使命達成のために助けを求めるとき、耳を傾けてくださいます。ヨナと同じように、わたしたちもこう証しすることができます。「わが神、主よ／あなたは命を／滅びの穴から引き上げてくださった。息絶えようとするとき／わたしは主の御名を唱えた。わたしの祈りがあなたに届き／聖なる神殿に達した」（二章七、八節、口語訳は六、七節）。

聖書には、主がヨナの祈りを聞かれ、主が魚に「命じられると、魚はヨナを陸地に吐《は》き出した」（二章一一節、口語訳は一〇節）と書かれています。それから主は、ヨナに与えておられた使命を、もう一度お語りになります。「『さあ、大いなる都ニネベに行って、わたしがお前に語る言葉を告げよ。』ヨナは主の命令どおり、直ちにニネベに行った」（三章二、三節）。

わたしたちもまた、ヨナのように恐れを抱き、与えられた務めから逃げ出したくなるようなとき、主なる神の存在を思い出す必要があります。そして、道を開いてくださるよう、強く求めるのです。神は、ヨナにそうなさったように、世界の中心的な都市の方へ、わたしたちを導かれるでしょう。ヨナの説教は、聖霊によって豊かに祝福され、人々の心を変える大規模な収穫をもたらしました。都市が、悔い改めたのです。

しかし、説教者であるヨナ本人は、都市の住民への同情心に関して学ぶべきことを学んでいませんでした。伝えたとおりに町が滅びなかったので、自分の評判が傷ついたと感じたのです。そして、その町に住む人々が滅びてゆくこと以上に、木が枯れてしまうことに対して、動揺しました。神は、ヨナに問いただされました。「どうしてわたしが、この大いなる都ニネベを惜しまずにいられるだろうか。そこには、十二万人以上の右も左もわきまえぬ人間と、無数の家畜がいるのだから」（四章一一節）。

わたしたちはどうでしょうか。この世界の大都市に住む多くの人々に対して、どのようなメッセージを伝えるのか、神は私たちに問いかけておられます。わたしたちは、永遠の死に直面する人々に対する憐れみの思いを抱いているでしょうか。それとも、自分たちが快適であること、楽であることに、より強い関心を持っているでしょうか。

都市は、イエス・キリストの姿を見る必要があります。救いを与える永遠の愛、永遠の命をもたらすために備えられた救いの計画を必要としています。彼らは、すべてをご存じの父なる神、子なる神、聖霊なる神が、永遠の昔から存在しておられ、永遠に生き続けるということを知らなければなりません。わたしたちの罪深さに代わって、イエス・キリストから差し出されている義についても知らなければなりません。黙示録一四章の三天使のメッセージを聞き、イエス・キリストが間もなく地上にお帰りになることを知らなければなりません。彼らにはまた、真の礼拝と、十戒の第四条にある大切な第七日安息日を含む神の戒めが示される必要があります。第四条は、実際の六日間で地球をお造りになった神の創造の力を思い起こさせ、神に対する忠実さの永遠のしるしです。

都市に住む人々は、安息日の与えるきよさと休息を必要としています。再臨のメッセージは、わたしたちの道徳性に訴えかけ、迷信や心霊術に対する警告となります。健康改革を強調することは、新しい人生をもたらします。それは、至聖所における再臨前審判が主の来臨に道を備えている今、人々の目をカルバリーでささげられた小羊と、現在わたしたちのために執り成しをしておられる大祭司へと向けさせる、壮大な聖所のメッセージです。

わたしたちの伝えるメッセージは、神の謙遜な残りの民であるセブンスデー・アドベンチスト教会に与えられた、特別な召しを表現しています。それは、他者に私心なく奉仕しながら、愛をもって預言的な警告のメッセージを語るという使命です。その召しは、教会合同の潮流からわたしたちを守り、ダニエル書・黙示録の預言を、明確に歴史主義的にとらえ、宣べ伝える力を与えます。

都市に伝えようとしている聖書のメッセージを通して、世界に広がるわたしたちは一つとなり、社会から、あるいは相互からの孤立から守られます。世界の町々に住む人々に対するわたしたちのメッセージは、安全と希望、逃れの町であり、神の住まわれるもう一つの都市新エルサレムが来たるということ、そして、今地上の町々にあるすべての苦痛と困難に対する答えが、イエス・キリストの再臨であるということです。

神からの招き

神は、遅れることなく都市部で活動をするようにと呼びかけておられます。これは、包括的な都市伝道と、都市証の書からの引用に目を留めてください。これは、包括的な都市伝道と、都市に対する医療伝道の活用に関する訴えです。

＊福音のために働く者が最大の必要を発見するのは、都会においてである。……神の僕《しもべ》たちが人に警告して、審判の日のためにしなければならないことを、すばやくしなければならない。クリスチャンの働き人が大都会で直面している状態そのものが、迫りくる運命の影の中で生活している幾百万という人々のために、たゆまず努力しなければならないという厳粛な訴えになっている。(7)

＊一つの民として、私たちは、働き人と資金と献身の精神が欠けていたためにはかどらなかった、都会での働きを促進させる必要がある。この時に当たって、神の民は……心を低くし、主の御心によく気をつけて、都会に迫っている運命について警告するために、神がしなければならないと示されたことを熱心に望んで行う必要がある。(8)

＊私は、再三再四、大都会でなされるべき働きを、教会に提示するようにとされた。……私たちはしばしば、都市にメッセージを聞かせなければならないと教えられるが、しかし、何とこの教えに注意を向けなかったことであろう。私は両手を広げて高い台に立っておられる方を見た。彼は振り向いて、「世界は神の聖なる律法に無知なために滅びようとしているのに、セブンスデー・アドベンチストは眠っている」と言いながら、四方八方を指された。(9)

＊私は、何年もメッセージを聞いている兄弟たちに訴える。今は、見張人を

目覚めさせるべき時である。……都市の必要という重荷が、あまりに重く私の上にのしかかっていて、時々、死んでしまいそうになることがある。願わくは、いかにして主の御心と調和して御業を前進させるかを知るために、主が兄弟たちに知恵を与えられるように。……私たちは都市に働かなければならない。これらの人口過剰地域に住んでいる数百万の人々に、第三天使のメッセージを聞かせなければならない。(10)

＊教会の青年たちを働きにつかせなければならない。医事伝道の活動を、第三天使のメッセージの宣教と組み合わせなさい。健康改革の原則に基づいて生活する教会の働き人を送り出すのである。(11)

＊（一九一〇年）二月二七日の夜、働きがまだなされていない都市が、強い現実として私の前に描き出された。そして、過去の伝道の方法に明らかな形で変化が必要であることがはっきりと示された。……私は、重要な都市において労するため、熱心に訓練されたグループを組織することを勧める。

彼らは二人一組になって働くが、時には集まり、互いの経験を分かち合い、祈り、速やかに人々に伝えるための計画を話し合うのである。(12)

*これから、医事伝道の働きは、かつてなされなかったほどの真剣さをもって進められなければならない。これは、真理が大都市に入っていくための扉となる働きである。(13)

*私たちは、いかにキリストを表すのか。医事伝道を宣教活動と連携させて活用する以上によい働きを……私は知らない。……福音と医事伝道は、共に進められるべきものである。福音は、真の健康改革の働きと固く結びつけられているのである。(14)

*純粋な医事伝道と福音宣教の間に境界線を引くべきではない。これらの二つの働きは、混ぜ合わされなければならない。これらは、手が体につなげられているように、離されることのないものとしてつなげられなければな

らない。(15)

ニューヨークからの教訓

聖霊の導きに従って都市での伝道を共に計画していくにあたって、心に留めておくべきことがあります。それは、エレン・ホワイトはさまざまな都市について語っていますが、一つの町、ニューヨークが象徴的に重要な意味を持っていたということです。数多くの国籍と言語が表れているこの町に、全世界を見ることができます。金融、貿易、芸術、交通、流行、広告、メディアの一大中心地です。エレン・ホワイトは次のように述べています。

大ニューヨークにおいて伝道の重荷を負う人たちは、可能な限り最良の働き人の助けを借りるべきです。ここに、神の働きのための拠点を築き、そこでなされることのすべてを主が世界になそうとしておられる働きの象徴とすべきです。(16)

ニューヨークにおいて、多くの働きがなされてきましたが、「主が世界になそうとしておられる働きの象徴」とはなっていませんでした。

ニューヨークを好む人もいれば、嫌う人もいます。わたしの見た落書きは、世界の大都市に住み、働くことの難しさをうまく表しています。「コンクリート・ジャングルは、硬くて住みづらい」。ほかの大都市と同様に、ニューヨークには多くの良い点と、多くの悪い点があります。**しかし重要なことは、イエスと再臨のメッセージを必要とする数多くの人々が、そこに住んでいるということです。**

都市伝道の計画に対する聖霊の導きを受け入れ、聖書と証の書にある勧告に従うならば、神はわたしたちの計画を祝福してくださるでしょう。そのような計画への取り組みは、リバイバルと改革、集中的な祈りと主の前にへりくだることを必要とする理由です。都市での働きに関する神の訴えかけを、決して無視してはなりません。

一九〇〇年代初頭、世界総会総理であったA・G・ダニエルズ長老とエレン・ホワイトの間でなされたやり取りには、教訓と警告があります。これは、都市での伝道に対して教会は真剣にならねばならないという、エレン・ホワイトの訴えに関するものでした。

アーサー・L・ホワイトによって書かれた伝記によれば、晩年のホワイト夫人は、ニューヨークをはじめとする世界の大都市に住む、救われていない人々への責任を心に抱き続けていました。彼女は、都市伝道へのかつてないほどの献身を強く求め、教会は都市での働きを活発にすべきであるというメッセージを、世界総会総理であるダニエルズ長老に送り続けました。(17) その訴えに応え、世界総会は、特にニューヨークでの活動を念頭に、都市伝道のために資金を割り当てました。しかし、ダニエルズ長老は、都市で働く能力のある伝道者を得ることの困難さに不満を抱き、その働きに最大限の力を注ぐことをしませんでした。

情熱に欠けた彼の態度に、ホワイト夫人は失望しました。彼女は、伝道がなされていない都市に抱くべき関心を抱いていない指導者たちを責め、何かがなされるべきであると言いました。

そこで、ダニエルズ長老は、都市伝道に関する控えめな計画を立てました。

彼は、エレン・ホワイトの自宅を訪ね、自分がしていることを彼女が認め、感謝してくれることを期待しながら、都市伝道への取り組みについて報告しました。しかし、アーサー・ホワイトの伝記によれば、ホワイト夫人は、「彼との面会を拒んだ。主のメッセンジャーが、世界総会総理に会うことを拒んだのである」。[18] エレン・ホワイトは、その場で会う代わりに、なすべき働きを実行する準備ができたなら、面会するということを彼に伝えました。

都市伝道に関する勧告

＊私たちの働きの方法は神の秩序に従ったものでなければなりません。アメリカの大都市で神のためになされる働きは人間の考えに従ったものであってはなりません。

＊ニューヨークにおけるあなたの働きは幸先よいスタートを切りました。あなたはニューヨークを伝道の中心地として、そこから伝道を成功裏に推し進めるべきです。主はこの中心地が伝道のための訓練学校となるように望んでおられます。何ものによっても働きを妨害されてはなりません。

＊ニューヨーク市の近くに療養所と学校が必要です。これらを確保するのが遅くなればなるほど、働きは困難になります。

＊都市の郊外に働き人のための宿泊所となる場所を確保するのはよいことです。

＊ニューヨークで医療伝道の働きを始めることはあなたにできる最良の業です。

＊ニューヨークには収穫を待つ多くの魂がいます。

＊あなたはニューヨーク市で働くことに強い責任を感じるべきです。

＊神はニューヨーク伝道の推進を望んでおられます。この地には何千という安息日遵《じゅん》守《しゅ》者がいなければなりませんし、しかるべき方法でなされるなら、それは可能です。

（これらの言葉は、『伝道』下巻49～54ページに書かれています）

この時になって、ダニエルズ長老は、教会の取り組みが、都市部において、神が期待しておられるほどにはなされていないのだということに初めて気がつきます。そして、謙虚さと悔い改めに満ちた手紙をホワイト夫人に送ったのです。エレン・ホワイトの返信には、ダニエルズやほかの教会指導者たちにはなすべき業《わざ》がまだあることを、彼女が確信していたことが示されています。

神のみ前に心を低くする必要があるというメッセージを、あなたがた二人（ダニエルズ長老とW・W・プレスコット長老(19)）に伝える責任がわたしには託されています。プレスコット長老も、ダニエルズ長老も、世界総会の活動を指導する備えができていません。いくつかの事柄について、彼らはイスラエルの主、神のみ名を汚しています。あなたがたがついている役職にある者には、神への高く純粋な献身が求められています。あなたがたには、今必要とされていることをはっきりとした目で見極めるための準備がなされていないと、わたしは言わなければなりません。都市部における働きは、なされるべきようには進められていません。世界総会総理が充分に目覚めていれば、この状況を把握できたでしょう。しかし、彼は神からのメッセージを理解していないのです。(20)

主からのメッセージを受け、ダニエルズは震えます。世界総会は、都市伝道の計画にあたる一七人からなる特別委員会を設置することになりました。またダニエルズ長老は、都市における伝道を指導できるよう、一年間世界総会総理の責務を離れたのです。彼は、ニューヨークに向かい、セブンスデー・アドベンチストによる都市伝道の新たな取り組みの開始を助け、ようやく神が彼に意図しておられたことを成し遂げたのでした。

皆さんの支部、教団、教区、そして、世界中にある宣教地域に住む幾百万もの人々のため、わたしの心がそうであるように、皆さんの心が神の助けを願い求めますように。「都市への働きかけが、神がなさるであろう形で進められるとき、その実りとして、わたしたちが今まで見たこともないほど力強い働きの開始がもたらされる」ということを心に留めましょう。

謙遜さをもって、神のみ前にわたしたちの計画を差し出し、聖書と証の書を通して与えられている指示に従うならば、神はその約束を実現させてくださることを、わたしは確信しています。わたしたちに託されている務めを果たす力を、聖霊に祈り求めましょう。

イエス・キリストがお帰りになるとき、わたしたちは大都市や郊外の救われた人々と一緒に、永遠にわたしたちのものとなる家を目指して、天に上げられていくのです。何とすばらしい日でしょう。都市に住む人々のために働くという神の計画におけるわたしたちの役割を全うするために、献身していきましょう。

(1) Ellen G. White, *Medical Ministry: A Treatise on Medical Missionary Work in the Gospel* (Mountain View, CA: Pacific Press®, 1932), 304.
(2)『ミニストリー・オブ・ヒーリング２００５』一二八ページ。
(3)『ミニストリー・オブ・ヒーリング』（一九五七年版）一一五ページ。

（4）エレン・ホワイトは、最も広範に行き渡ることを望んでいた書籍は、『各時代の大争闘』であったと述べている。
（5）『希望への光～クリスチャン生活編』九五二ページ。
（6）『聖霊に導かれて』上巻一三四ページ。
（7）『伝道』上巻二八、二九ページ。
（8）同三四ページ。
（9）同三八ページ。
（10）同四一ページ。
（11）Ellen G. White, *A Call to Medical Evangelism and Health Education* (Nashville: Southern Publishing Association, 1933), 17.
（12）Ibid, 13, 14.
（13）Ibid, 17.
（14）Ibid, 41, 42.
（15）Ibid, 44.
（16）『伝道』下巻四八ページ。
（17）Arthur L. White, *Ellen G. White: The Later Elmshaven Years, 1905-1915* (Hagerstown, MD: Review and Herald®, 1982), 6:219-230. Chapter 18, 〝America's Cities—the Great Unworked Field.〟参照。
（18）Ibid, 223, 225.
（19）当時W．W．プレスコット長老はReview and Herald誌（現在の*Adventist Review*誌）編集者。
（20）Ibid, 225.

第10章

あなたの名前を忘れない

名前はとても大切です。聖書を見ると、天地創造の瞬間から、神が名前に関心をお持ちであったことがわかります。聖書の中に、神が、造られたものに名前をおつけになる場面がいくつかあることに、お気づきになるでしょうか。例えば、神は、光をお造りになった後、「光を昼と呼び、闇《やみ》を夜と呼ばれた」（創世記一章五節）とあります。空（「大空を天と呼ばれた」八節）や、水と陸地（「乾いた所を地と呼び、水の集まった所を海と呼ばれた」一〇節）も同様です。もちろん、創造週の終わりには、第七日を祝福し、聖別され、休息を意味する「安息日」という名前をおつけになりました。

神がアダムをお造りになったとき、彼に地上のすべての生き物に名前をつけるという仕事をお与えになったことにも、深い意味があります（創世記二章参照）。

これは、とても大きな責任でしたし、神というお方についてわたしたちに教えています。つまり、神は、そのご計画を成し遂げるため、喜んで人間に務めをお任せになるということです。

また、聖書の歴史を見ると、仕えるように召された人々の名前に、神が関心を持っておられたことがわかります。つけるべき名前を生まれる前に指定されることもありますし、生涯の中で名前を改めさせることもありました。

*信仰の父アブラハムとその妻サラは、神が名前を変えるまではアブラムとサライでした。

*肉体的・霊的戦いの夜を過ごした後のヤコブに、主は「神は争う」という意味のイスラエルという名前をお与えになりました。神ご自身の名前と明確に関連した命名でした。

*ダニエルを捕らえた人々は、彼にベルテシャツァルという名前をつけましたが、彼は、「神は我が裁き主」という意味のあるヘブライ名ダニエルを保ちました。この名前は、バビロニアとメド・ペルシャの異教の指導者た

ちに対する譴責《けんせき》と警告となりました。

＊キリストの敵であったサウロは、ダマスコ途上で回心し、キリストの使者パウロとなりました。

バプテスマのヨハネの命名も忘れてはいけません。

祭司ザカリアが神殿で香を焚《た》いていたときに、天使が現れ、彼は恐怖を感じます。天使は彼をなだめ、「恐れることはない。ザカリア、あなたの願いは聞き入れられた。あなたの妻エリサベトは男の子を産む」と伝えました（ルカによる福音書一章一三節）。そして、このように言ったのです。

その子をヨハネと名付けなさい。その子はあなたにとって喜びとなり、楽しみとなる。多くの人もその誕生を喜ぶ。彼は……エリヤの霊と力で主に先立って行き、父の心を子に向けさせ、逆らう者に正しい人の分別を持たせて、準備のできた民を主のために用意する。（一章一三〜一七節）

この後、自分の家系にはヨハネという名前を持つ者がいなかったにもかかわらず、子どもをそのように名づけたザカリアとエリサベトに対して、人々が驚きの念を抱いたということが聖書に記録されています（一章五九～六六節参照）。ヨハネという名前には、「エホバは恵み深い」という意味があります。神がヨハネに託された、キリストの先駆けとなるという特別な働きのゆえに、特別な名前が選ばれたのです。彼の名前は、言葉にできないほど大きな神の恵みを証し続けました。その恵みは、わたしたちが救われるためそのひとり子をお与えになることによって表されたのです。何とすばらしい神の愛でしょうか。

ヨハネの手紙一・四章一六節は「神は愛です」と述べています。**神の愛が、わたしたちの生活と、神のすばらしい律法への応答を形作ります。この愛こそが、わたしたちがこの大いなる再臨運動に携わっている理由です。**この愛に動かされ、わたしたちは神について他者に証しします。わたしたちに対する神の愛は、わたしたちのあらゆる想像を超えたものです。聖書には、神はとこしえの愛をもって愛する、と書かれています（エレミヤ書三一章三節）。大争闘シリーズの第一巻『人類とあけぼの』は「神は愛である」で始まり、シリーズ最終巻である『各時代の大争闘』の最後の一文にも、「神は愛である」という同じ言葉があります。

わたしたちの名前と使命

セブンスデー・アドベンチストに与えられている使命には、バプテスマのヨハネに与えられた使命が反映されています。わたしたちには、ヨハネと同じように、人々を主の来臨に備えさせるという務めが託されています。黙示録一四章の三天使のメッセージを宣べ伝え、キリストと彼の義、神への真の礼拝の大切さを強調するという特別な働きが与えられています。キリストの十字架における死と、天の聖所における執り成しと裁きの働きを通してもたらされる救いの望みをお与えくださった、神の大きな愛を世界に伝えなければなりません。

また、セブンスデー・アドベンチストとして主の道を備えるため、改革を遂行するという任務も与えられています。マラキ書三章二三節（口語訳は四章五節）にあるように、わたしたちは現代のエリヤとなり、父の心を子に、子の心を父に向けさせ、家庭や地域に和解をもたらさなければならないのです。

神は、キリストのように、無私の奉仕をするように命じておられます。エレン・ホワイトが「キリストの方法」と呼んだやり方に従わなければなりません。彼女はそれを美しく描写しています。「救い主はその人たちの利益を計られ、同情を示し、その必要を満たして信頼をお受けになった。そして『わたしについて来なさい』とご命令になった」(1)

キリストや一世紀の先駆者ヨハネと同様に、わたしたちの言葉よりも行いの方が雄弁です。セブンスデー・アドベンチストという名前は、隣人の肉体的、社会的、精神的、霊的健康の向上に力を尽くす人々のことを思い起こさせるものでなければなりません。**わたしたちは、わたしたちの名前を聞いた地域社会が、人々の実際の必要を満たし助けてくれる集団のことを思い出すようになってほしいのです。**それは、食事や宿泊場所の提供、言葉による励ましを与えることや、個人の家や学校、刑務所など、さまざまな場所で必要を抱く人たちを訪問することを通してなされます。控えめな生活を送り、さまざまな親切を通して他者に仕えることによって、神の愛について大きな声で語るのです。

バプテスマのヨハネと同じように、わたしたちはキリストの再臨を待ち望む者として、誠実で質素、敬虔《けいけん》な生活を送ることで、自らの名前を具体的に表さなければなりません。わたしたちをきよめてくださる聖霊の力によって、わたしたちは健康的でバランスのとれた生活を目指す力を受けなければなりません。そのような生活は、タバコやカフェインなどの有害物質をとらない健康的な菜食主義、質素でその場に適切な服装、高い職業倫理、優れた時間管理を特徴とし、人々を主にひきつける魅力と快活さを備えたものです。

また、真実で、気高く、正しいこと、清く、愛すべきで、名誉なこと、また、徳や称賛に値することのみをもって霊性を養うようにとのパウロの勧告に従い、何を見、読み、聞くかを注意して選んでいかなければなりません。

キリストの再臨が近いことを伝えるわたしたちは、先を歩んだヨハネのように、聖霊に満たされなければなりません。後の雨としての聖霊の注ぎを通してのみ可能となる真実のリバイバルと改革が与えられるよう、主に祈り求めなければなりません。神の前に身を低くするなら、すべての人に霊を注ぐというヨエル書二章二八節の神の約束の実現を見ることができると、わたしは信じています。神の聖霊の力によって、わたしたちは主のメッセンジャーとなります。人々の目を、神に対する真の礼拝と、天の書に記録されており（義認）、また、地上の信仰者の生活に表されている（聖化）、キリストとキリストの義に向けるのです。

主のみ名には、力があるのです。

自分の名前を思い出す

セブンスデー・アドベンチストの皆さん、**自分の名前を思い出してください。この名前は、聖書の綿密な研究から生まれたものです。**セブンスデー・アドベンチストを形作った信仰者たちは、聖書を学び、真理を求めて熱心に祈り、聖霊の導きに従いました。そして、今わたしたちが大切にしている聖書の教えを発見したのです。この献身的な先駆者たちは、純粋な信仰を抱き、当時ほかの教会で広く信じられていた教えとはかけ離れたものであっても、聖書をその言葉の通りに受け取りました。

わたしたちもまた、神の言葉の明瞭な教えのみを受け入れるという、彼らと同じ決意を持たなければなりません。エレン・ホワイトは、「初期におけると同様に、現代に対して特別に与えられた真理は、教会の権威者の所に見いだされるのではない。それは、これといった学識も知恵もないけれども、神のみ言葉を信じる男女の所にあるのである」(2)と述べています。わたしたちの教会は、この尊い聖書の真理を「信仰の大要」と呼んでいますが、文字通り、それは大切にして肝要なものです。わたしたちの名前は、これらの真理を思い出させ、保ち続ける力を与えます。

セブンスデー・アドベンチストの皆さん、**自分の名前を思い出してください。この名前の「セブンスデー（第七日）」という部分は、わたしたちが礼拝している のが誰であるかを思い起こさせます。**神は、二四時間からなる文字通りの一日を、間をおかずに六日間かけてお造りになり、その翌日の第七日を休息の日となさいました。この聖なる日は、わたしたちが、でたらめで非人格的な進化の過程から生まれた偶然の産物ではなく、神に手ずから創造された存在であることを思い出させます。わたしたちは、自らの名前について語るとき、聖書がはっきりと述べているこの真理を信じる者であることを認めるのです。

永遠との境目を生きるセブンスデー・アドベンチストとして、第七日という特徴を軽く考えてはいけません。むしろ、このことを強調し、確信を持って警告のラッパを吹き鳴らさなければなりません。特徴的な教えを強調しないことに関するエレン・ホワイトの言葉に目を向けましょう。

> セブンスデー・アドベンチストの信仰と、週の第一日目を守る者たちとの違いを目立たなくするために、あらゆる策略が用いられるであろうということが、わたしに告げられた。全世界がこの論争に関与しており、時は短い。今は、わたしたちの旗を降ろす時ではない。(3)

また、このようにも述べています。

主は、真理に敵対する者が、第四条安息日に対して執拗《しつよう》に反対することをお許しになった。主は、この方法を通して、終わりの時の試金石となる問題への確かな関心を引き起こすことをご計画なさった。こうして、第三天使のメッセージが力強く宣べ伝えられる道が開かれたのである。(4)

默示録一四章の第三の天使は、安息日は神の特別なしるし、証印であること、そして、神に忠実な人々を見極めるために用いられるということを示しています。また、その天使は、ほかの日を週の第七日に代える者は、獣の刻印を受けるということも伝えています。こうして、安息日が神にとってどれほど重要であるか、わたしたちにとってどれほど重要でなければならないかということがわかります。このことを理解しているわたしたちは、ほかの宗教団体や合同教会と手を結ぶことはできないのです。もちろん、誰に対しても親切心と敬意をもって接するべきですが、同時に、次のことに気をつける必要があります。

神の律法を無効にする人々に妥協してはならない。助言者として彼らに頼ることは安全ではない。わたしたちの証《あかし》は、かつて以上に確固としたものでなければならない。世間の重要人物たちを喜ばせるため、わたしたちの真の立場を覆い隠してはいけない。彼らは、わたしたちが同調し、計画を受け入れることを願うかもしれない。彼らはまた、わたしたちの方針に関して、敵であるサタンにとって有利な提案するかもしれない。「あなたたちはこの民が同盟と呼ぶものを／何一つ同盟と呼んではならない」(イザヤ書八章一二節)。論争を望んだり、不必要な敵対心を引き起こすべきではないが、わたしたちは明瞭に、断固として真理を示し、神がみ言葉を通して教えられた事柄に固く立たなければならない。何を書き、何を出版するか、何を語るべきかということを知るために、世間に目を向けるべきではない。(5)

聖書には、わたしたちが主なる神に信頼すれば、確かに生かされ、預言者に信頼すれば、勝利を得られる、とあります（歴代誌下二〇章二〇節）。

セブンスデー・アドベンチストの皆さん、**自分の名前を思い出してください。**「セブンスデー（第七日）」がわたしたちがどこから来たのかを思い出させるように、**「アドベンチスト」はわたしたちがどこへ向かっているのかを示しています。**わたしたちは、この世においてすべての人が味わうことになる苦しみを終わらせる、主イエス・キリストのお帰りを待ち望んでいます。キリストの再臨は、すべての真のセブンスデー・アドベンチストにとって「祝福に満ちた望み」なのです。

パウロは、キリスト教に改宗して間もないテサロニケの信徒に書いた手紙の中で、この祝福に満ちた望みの詳細を述べています。

すなわち、合図の号令がかかり、大天使の声が聞こえて、神のラッパが鳴り響くと、主御自身が天から降《くだ》って来られます。すると、キリストに結ばれて死んだ人たちが、まず最初に復活し、それから、わたしたち生き残っている者が、空中で主と出会うために、彼らと一緒に雲に包まれて引き上げられます。このようにして、わたしたちはいつまでも主と共にいることになります。ですから、今述べた言葉によって励まし合いなさい。（テサロニケの信徒への手紙一・四章一六～一八節）

イエスが来られるという約束は、教会の名前の半分をなすほどに、わたしたちが誰であるかを示す重要な要素です。ですから、わたしたちの教会で礼拝をささげる人たちは、イエスが間もなくおいでになり、わたしたちの帰郷の時が近いという確信について、頻繁《ひんぱん》に耳にするはずです。わたしたちは、造り主であり救い主であるお方のお帰りを心待ちにする者たちとして、知られなければなりません。天の家へと連れて行ってくださる王の王が、言葉の通り実際に帰ってこられることを待ち望んでいると、社会に伝えなければなりません。**神がわたしたちに与えた「セブンスデー・アドベンチスト」という名前自体が、希望を与える短い説教なのです。**その名前は、信仰の創始者であり完成者である神を示しています。その名前は、キリストをその美しさと忠実さとのゆえにほめたたえています。その名前は、わたしたちの礼拝している神が、まことに多くの人々に苦しみを与えてきた大いなる戦いを永遠に終わらせてくださるという確信を与えます。

セブンスデー・アドベンチストの皆さん、**自らの名前を思い出してください。この教会の名前を考えた人たちには、いくつかの選択肢がありました。そして、セブンスデー・アドベンチストという名称が提案されたとき、彼らは、神がこれに良しと言われ、数ある選択肢の中で最良のものであると認められたと信じたのです。**わたしたちを特徴づけるこの名前を使うことをためらう人たちに対して、ホワイト夫人は、それが神から与えられたものであることの確証を与えました。「わたしたちは、セブンスデー・アドベンチストである。この名を恥じているのか。答えは『否、否』、わたしたちは決して恥じることをしない。これは、主がわたしたちにお与えになった名前である。この名前には、教会を試す真理が示されている」(6)

わたしたちが自分の名前を声にするとき、それは説教となります。ですから、この名前を省略して、アドベンチストやＳＤＡとしてしまうことは避けなければなりません。わたしたちが、「わたしはセブンスデー・アドベンチストです」と言うとき、それは一つの、正確に言うなら数回分の説教になっているのです。

ですから、教会や機関、組織に名前をつけるときには、セブンスデー・アドベンチストに代わる、ほかとの違いが明確でない一般的な名称を用いて、わたしたちの特徴を隠すべきではありません。むしろ、わたしたちが誰であるかを堂々と述べ、この名前によって、通り行く人々に聖書の真理を説き教えるべきです。

数年前、わたしはベネズエラを訪れました。セブンスデー・アドベンチスト教会が、かの国に伝えられて一〇〇年が経ったことを祝うためです。そして、教団総会に出席するため、プエルトリコに向かいました。家に向かう飛行機の中では、たまっていたＥメールを読んで時間を過ごそうと思っていたのですが、神には別の計画がありました。わたしの座席の周りには、四人の家族が座っていました。

わたしの隣に座っていた父親は、イスマイル主義（シーア派の分派）のイスラム教徒であると言い、それがどのようなグループなのかを簡単に説明しました。また、彼がボランティアをしているアガ・カーン財団の人道支援活動についても紹介してくれました。それから、わたしの職業を聞いてきました。

わたしは、自分がセブンスデー・アドベンチスト教会の牧師であることを伝えましたが、彼はキリスト教に関する知識がほとんどなく、セブンスデー・アドベンチストについては全く知りませんでした。そこでわたしは、教会の名前を導入として、第七日安息日や、救い主イエスとその再臨について話をしました。つまり、わたしたちの名前について触れることで、わたしたちのすばらしい信仰を証しする会話を始めることができたのです。**わたしたちの名前を覚えていましょう。**

失意の世界総会

一九〇一年の世界総会会議で、神は、教会組織の再編成と、神を信じる人々に託された使命達成の力を与える聖霊の注ぎという二つの案件を持っておられました。教会の指導者たちは組織の刷新を成しとげ、今日まで続く、各個教会、教区、教団という段階を持つ基本的な体制の下地を作り上げました。この組織の形は確かに良いものですし、わたしたちにとってこれからも有益であり続けるはずです。

しかし、教会は、神の二つ目の案件である聖霊の注ぎを成し遂げることができませんでした。エレン・ホワイトはその二年後に幻の中で「聖霊が与えられなかった」ことを示されています。(7)

なぜでしょうか。

エレン・ホワイトは三つの理由を挙げています。(一)大きな光を与えられていた指導者たちが、その光に従わなかった。世界総会と、教会の出版部門の一つであるレビュー・アンド・ヘラルド社の関係者が、不信仰に陥ってしまった。(二)教会の指導者たちは、過去の過ちから離れることをせず、神の望みに対して口先だけで答えていた。(三)指導者たちは、高慢になり、権力を求

める気持ちを強くしていた。彼らは、「主の前に身を低くすべきであったのに、それをしなかった」(8)

その幻の中で、エレン・ホワイトは、一九〇一年の世界総会会議の場でなされるべきだった、神が望んでおられた光景を見せられました。彼女は、代議員たちが聖霊の声を心に受け、涙を流している場面を見ました。また、強い回心の働きがなされ、指導者の一人が立ち上がり、会議に参加していた人たちに対する否定的な感情について告白する場面を見ました。その指導者が、一人ひとりのところに行って赦《ゆる》しを求め、彼が近づいていったその人々もまた赦しを求めていました。そして、会場全体にリバイバルが広がっていくのを見たのです。「それは、ペンテコステの時だった。神への賛美が歌われ、その業《わざ》は、夜遅く、ほとんど朝になるまで続けられた」(9)

しかし、エレン・ホワイトは次のような恐ろしい言葉を記しています。

わたしに語りかける言葉があった。「**なされるべきであったのは、これである**。神の民が、このすべてをなすことを、神は待っておられた。天のすべてが、感謝の時を待っていた」。わたしは、この業が徹底的になされていれば、どこに導かれていたのだろうかと考えた。しかし、今見たことが現実でないことに気がついたとき、失望から来る苦しみがわたしを襲った。(10)

神は今でも、この聖霊の注ぎが現実のものになることを望んでおられます。いつそれが起こるのでしょうか。それは、わたしたち次第でもあるのです。わたしたちは、自分の力でリバイバルと改革を生み出すことはできません。それは、聖霊の働きです。しかし、わたしは、主がソロモンに語られたことは、わたしたちに対する言葉でもあると信じています。「もしわたしの名をもって呼ばれているわたしの民が、ひざまずいて祈り、わたしの顔を求め、悪の道を捨てて立ち帰るなら、わたしは天から耳を傾け、罪を赦し、彼らの大地をいやす」(歴代誌下七章一四節)。

預言者ホセアは、わたしたちを招いています。

「さあ、我々は主のもとに帰ろう。主は我々を引き裂かれたが、いやし／我々を打たれたが、傷を包んでくださる。二日の後、主は我々を生かし／三日目に、立ち上がらせてくださる。我々は御前に生きる。我々は主を知ろう。主を知ることを追い求めよう。主は曙《あけぼの》の光のように必ず現れ／降り注ぐ雨のように／大地を潤す春雨のように／我々を訪れてくださる」（六章一〜三節）。

イエスがおいでになるよう、力強く三天使のメッセージを宣べ伝えるためには、聖霊の後の雨が必要です。わたしたちは、聖霊がお与えになるリバイバルと改革を必要としています。生活が変えられる必要があるのです。

神のみ名で呼ばれるわたしたちは、身を低くし、祈り、神のみ顔を求めることができます。人々を十字架のもとへと導き、わたしたちの心を備えさせ、聖霊の後の雨を送ってくださるよう、神に求めることができます。

一九〇一年に、あるいはそれ以前から望んでおられたように、神は今わたしたちに聖霊をお与えになることができるでしょうか。わたしたちにはこう告げられています。「聖霊の降下は将来のことのように待望されています。しかし、それをいま受けることは教会の特権です。それを求め、そのために祈り、それを信じなさい。私たちはそれを受けねばなりません。天はそれを与えることを待っています」(11)

しかし、この祝福は無条件で与えられるものではありません。

＊罪を告白し、自尊心を取り去り、悔い改めと熱心な祈りによって神が祝福を与えてくださるお約束の条件を満たすのは、私たちがしなければならないことです。(12)

＊教会は立ち上がって、神の前にその堕落を悔い改めねばなりません。見張りは目を覚まし、ラッパに正しい音を与え(るのです)。(13)

＊教会は活動を始めねばなりません。教会が道を備えなければ、神のみ霊は決して下りません。心を熱心に探る必要があります。心を一つにしてたゆみなく祈り、信仰をもって神の約束を求めるべきです。……自己満足や自

己高揚の何の理由も私たちにはありません。神の力強いみ手のもとに、謙遜になるべきです。(14)

今こそ、セブンスデー・アドベンチストというこの大切な名前によって、わたしたちが神の残りの民であるということを示す時であると、わたしは信じています。 霊的バビロンから人々を招き出すために神が用いる肉声となるべき時は、今なのです。多元主義、相対主義、人間中心主義、快楽主義に染まる社会の中で、そのような文化に立ち向かう、終わりの時の運動を起こすものとして、神はセブンスデー・アドベンチストを呼び出されました。これは、すべての教会員が、謙遜さと、キリストのような確信を持って、天が落ちかかろうとも正しいことのために喜んで立つのです。

そのような力強い働きは、聖霊の力によってのみ可能となります。セブンスデー・アドベンチストであるわたしたちは、人類の唯一の希望であるキリストを高く掲げるために、高慢さを捨て、自己に死ななければなりません。聖霊の実がもたらすことのできるリバイバルと改革を、祈りのうちに求めていく準備はできているでしょうか。聖霊を注ぎ、この世代で働きを終わらせるという、神が何十年もの間、残りの民のためになされようとしてきたことを受ける準備が、本当にできているでしょうか。

わたしは伝えたい

教会に対して、主に対して、葛藤《かっとう》を覚え、失望し、あるいは距離を置いている読者に対して、わたしはこう伝えたいのです——あなたの名前を思い出してください。

聖霊の呼びかけや、聖書と証の書《ふみ》を通して与えられる神の導きから離れ、自らの意志で道を選び、何が正しいかをわかっていながら、そのために立ちあがることをせず、世間で良いとされていることを判断の基準とする読者に、わたしは伝えたい——あなたの名前を思い出してください。

定期的な聖書研究と祈りをおろそかにし、テレビや一般的音楽、趣味、インターネットやテレビゲーム、学生スポーツなど、それ自体悪いものも良いものもありますが、それらのことに主と過ごすための時間を費やしてしまっている読者に伝えたい——あなたの名前を思い出してください。

クリスチャンとしての具体的な奉仕は、神との関係の当然の表現であることを忘れてしまった読者に伝えたい——あなたの名前を思い出してください。

聖書解釈の中心点とセブンスデー・アドベンチスト教会の信仰理解から遠く離れてしまった読者に伝えたい——あなたの名前を思い出してください。

教会への関心を失い、競争社会を生きる読者に伝えたい——あなたの名前を思い出してください。

クリスチャンとしての信仰体験が遠い過去のものとなり、新鮮さが失われてしまった読者に伝えたい——あなたの名前を思い出してください。

教会に対して批判的になり、独立した活動に加わって、教会の什一と信徒を自らのものにしている読者に伝えたい——あなたの名前を思い出してください。

ほかの教会員との感情的対立や不一致から憤り、怒りの中にある読者に伝えたい——あなたの名前を思い出してください。

ヨエルは、わたしたちに神の言葉を告げています。

「今こそ、心からわたしに立ち帰れ
断食し、泣き悲しんで。
衣を裂くのではなく
お前たちの心を引き裂け。」
あなたたちの神、主に立ち帰れ。……
シオンで角笛を吹き
断食を布告し、聖会を召集せよ。
民を呼び集め、会衆を聖別し
長老を集合させよ。……
祭司は神殿の入り口と祭壇の間で泣き
主に仕える者は言うがよい。
「主よ、あなたの民を憐《あわ》れんでください。」……
シオンの子らよ。
あなたたちの神なる主によって喜び躍れ。
主はあなたたちを救うために

秋の雨を与えて豊かに降らせてくださる。
元のように、秋の雨と春の雨をお与えになる。……
わたしはすべての人にわが霊を注ぐ。
あなたたちの息子や娘は預言し
老人は夢を見、若者は幻を見る。
その日、わたしは
奴隷となっている男女にもわが霊を注ぐ。
天と地に、しるしを示す。……
主の日、大いなる恐るべき日が来る前に
太陽は闇に、月は血に変わる。
しかし、主の御名を呼ぶ者は皆、救われる。
主が言われたように
シオンの山、エルサレムには逃れ場があり
主が呼ばれる残りの者はそこにいる。

ヨエル書二章一二節〜三章五節（口語訳は二章一二節〜三二節）

わたしたちは、ヨエルが描写したこの時代を生きています。神が、聖霊の後の雨を注ごうとしておられる時です。神の力により、神の働きを終わらせることができるように、聖霊の後の雨にわたしたちを備えさせるリバイバルと改革を主に祈り求めましょう。

帰郷の時は近いのです。セブンスデー・アドベンチストの皆さん、自分の名前を思い出してください。

（1）『ミニストリー・オブ・ヒーリング2005』一二八ページ。
（2）『希望への光』一二二五ページ。
（3）White, *Selected Messages*, 2:385.
（4）Ibid. 2:370.
（5）Ibid. 2:371.
（6）Ibid. 2:384.
（7）White, *Testimonies*, 8:104　参照。「起きていたはずのこと（"What Might Have Been"）」と題された幻の全容が、p.104-106に記録されている。

(8) Ibid.

(9) Ibid. 105.

(10) Ibid. 105.106（強調は引用者）

(11)『伝道』下巻五一八ページ。

(12)『セレクテッド・メッセージ1』一五八ページ。

(13) 同一六四ページ。

(14) 同ページ。

第11章

新しい改革

しばらく前、ヨーロッパの宗教改革の地を巡るツアーに参加したことがあります。そこで聞いたことを通して、神が謙遜で純粋な献身した人々を用いて、世界の注目を聖書の真理へと引き戻されたのだという印象が深まりました。自分たちの生活における改革を神にゆだねた人々が用いられ、その改革が社会にもたらされたのです。身の安全よりも、真理の方がより重要であると考えるほどに献身した人たちが用いられました。真の改革をわたしたちと教会が経験するためには、宗教改革者たちのように、キリストを高く掲げ、自らを低くするよう献身しなければなりません。謙遜さという霊の賜物が必要なのです。

自己中心であること、高慢であることは、神との歩みにおいて、また、教会生活においてわたしたちが直面するいくつかの大きな問題を生み出します。自

己中心でいることで、わたしたちは神と人々から離れ、孤立してしまいます。権力を求めるようになり、神がわたしたちと教会に対して抱いておられる計画からそれていくようになります。混乱と、真実の歪曲《わいきょく》がもたらされ、神から離れることになり、黙示録一四章にある三天使のメッセージを伝えるという神からの使命に背を向けるようになります。

聖書は、このことに対する神のお考えをはっきりと語っています。ソロモンは箴言で、「高慢にふるまえば争いになるばかりだ」「痛手に先立つのは驕《おご》り。つまずきに先立つのは高慢な霊」と述べ、「主を畏《おそ》れることは、悪……（すなわち）傲慢《ごうまん》、驕り、悪の道」を憎むことであると忠告しています（一三章一〇節、一六章一八節、八章一三節）。

聖霊の力を通してのみ、わたしたちはキリストにあって生まれ変わることができ、自分中心的で、自己の利益を求める、高慢な心を変えることができます。聖霊によって、わたしたちはキリストと天と結ばれ、新しく生きることができるようになります。聖霊は、わたしたちの誇りを弱め、生活に新しい焦点を与え、真理と永遠に価値あるものにわたしたちの目を向けます。エレン・ホワイトは、「自己のために生きることは、滅びることである。貪欲《どんよく》、自己のために利益を求めることは、魂を命から切り離す」(1)と警告しています。

自己中心的思いから、考え方と生き方を守るためには、キリストの心を受け取らなければなりません。キリストが完全にわたしたちを支配し、わたしたちがキリストのように考え、行動する者となるよう、造り変えていただかなければなりません。わたしたちの主であるイエスは、このような従順と謙遜の偉大なる模範を残されました。フィリピの信徒への手紙二章にあるように、キリストがこのようなご性質を持っておられたことを、パウロ以上に優れた形で描写した人はいません。

キリストの謙遜

パウロは、次の言葉から始めています。「何事も利己心や虚栄心からするのではなく、へりくだって、互いに相手を自分よりも優れた者と考え」なさい(三節)。非常に高い標準です。実際、到達することができるのだろうかと思ってしまうほどの高さです。パウロは五節で次のように述べています。「あなたたちは、キリスト・イエスの心を、自分の心としなさい」。*1 **わたしたちは、自己中心的な望みではなく、主の心（考えや価値観）を抱くことができるほどに、自らを完全に明け渡さなければなりません。**

六節を見ると、イエスが高い標準を持っておられたこと、つまり、神であり、父なる神と等しいお方であったことがわかります。七節には、神であるイエスがわたしたちに向かって三つのステップを踏まれたことが書かれています。まず、イエスは「自分を無にし」ました。イエスは神でしたが、神としての性質がわたしたちのもとに来るための妨げにならないようになさいました。そして、「僕《しもべ》の身分になり」、最後に「人間と同じ者になられました」。

八節では、今や「人間と同じ者」になられたイエスは、わたしたちを救うために、ご自身を低くする三つのステップを取られています。まず、イエスは「へりくだ」り、「死に至るまで」従順であり、「十字架の死」を死なれたのです。

全宇宙の王であるイエスが、わたしたちのために屈辱と苦痛に満ちた十字架で死ぬことを選ばれたのです。今日十字架は、どこか霊的なもの、ときには美しいものとして描写されています。人々は、宝石で飾られ、金でできた美しい芸術として十字架を心に留めています。

しかし、実際の十字架は、非常に残酷な拷問と処刑の道具でした。乱暴で、苛酷な、ひどく恐ろしいものだったのです。十字架による死は、ゆっくりとしたもので、苦痛に満ちています。その屈辱は、肉体的な拷問と同じくらい、耐えがたいものでした。処刑される人は裸にされ、十字架自体が嘲笑《ちょうしょう》する群衆より少し高い程度のところに立てられたので、敵から顔に唾《つば》をかけられることもあり得ました。恥といらだち、怒りの思いが、極度の肉体的苦痛に加えられたはずです。十字架は、ローマが最悪の犯罪者のために用意した、恐ろしい処刑の手段でした。

救い主によってわたしたちに示された謙遜と愛は何と大きいものでしょうか。彼は、わたしたちが永遠の命を得るために、自ら進んでわたしたちの受けるべき罰をお受けになったのです。パウロが次のように宣言したことも、十分理解できます。

このため、神はキリストを高く上げ、あらゆる名にまさる名をお与えになりました。こうして、天上のもの、地上のもの、地下のものがすべて、イエスの御名にひざまずき、すべての舌が、「イエス・キリストは主である」と公に宣べて、父である神をたたえるのです。

（九～一一節）

わたしたちに救いを与えるために血を流され、進んで自己を捨てられたキリストを瞑想するとき、わたしたちは謙遜な思いになるはずです。それは、わたしたちの信仰を再び燃え上がらせ、キリストの模範に従い始められるよう、生き方を変えたいと思わせるものです。

キリストが、わたしたちの標準です。キリストは、わたしたちの救いのために、父なる神に服従し、父なる神がお許しになったことであれば、何であれそれを受け入れました。そうであれば、わたしたちもまた身を低くし、神とそのみ心に従うことを心から望むべきなのです。エレン・ホワイトは「わたしたちは、神と今以上に近くなければならない。自己を小さく、キリストを大きく抱

くとき、その恵みがわたしたちの日常生活にもたらされるはずである」という勧告を与えています。(2)

ヨエル書二章二三節に約束され、その成就が使徒言行録二章一七〜一九節に記録されている後の雨を待ち望むとき、わたしたちは自己に死に、キリストの心を自らのものとする備えをしていなければなりません。これは、神の働きを今いる場所において、また世界中で進展させるために必要な、個人的な改革です。わたしたちから始めなければなりません。純粋で単純な信仰と生活習慣を通して、キリストを映し出さなければなりません。わたしたちの品性と行動のすべてに、キリストの心、つまり、その考えや価値観、標準が浸透していかなければなりません。神の聖なる言葉に対する、疑いのない信仰を持てるようにならなければなりません。キリストをさらに反映させていくことができるよう、彼の生涯を模範として受け入れなければなりません。

このようなことは、人生と地上歴史の岐路に立つわたしたちにとって、今まで以上に重要になります。イエスは間もなくおいでになります。マタイによる福音書、ダニエル書、黙示録に書かれている預言は、わたしたちの目前で成就しています。あらゆるしるしが、イエスが間もなく来られることを告げているのです。

偉大なる宗教改革者

プロテスタント宗教改革と関連する場所を巡るツアーの中で、わたしたちはドイツを訪れました。神が大いなる改革を始めるために用いられたマルチン・ルターの母国です。ルターは謙遜さと確信をもった人物でした。彼は、聖書のみに権威があり、哲学や人間の作り話、聖書の自分勝手な解釈には信頼を置くことはできないと信じていました。彼はそれを、人は恵みによって救われるという、聖書の言葉を読んだときに信じました。彼は、信仰による義を、また、個人的な神の導きを信じていました。

ルターは次のように述べました。

わたしのすることは、人間の思慮分別ではなくて、神の勧告に基づいて行われる。この働きが神のものであれば、だれがそれを止め得ようか。もしそれが神のものでないならば、だれがそれを押し進め得ようか。わたしの意志、彼らの意志、われわれの意志ではない。天にいます、聖なる父よ、それは、あなたの意志であります。(3)

ルターは、人からの励ましが得られないときには、力強い神へ信仰を置くことで平安を得ることができるという事実を認めていました。また、聖書の解釈に関しては、人ではなく聖霊のみに権威があるということを知っていました。ルターは言います。

われわれは研究や、知力によって聖書を理解することはできない。まず第一になすべきは、祈って始めることである。主が大きな憐《あわ》れみによって、主のみ言葉に対する真の理解を与えてくださるよう祈り求めねばならない。「彼らはみな神に教えられるであろう」と神ご自身が言われたように、神のみ言葉の解釈者は、この言葉の著者以外にはないのである。自分自身の努力、自分自身の理解にたよらず、全く神に頼り、神の霊の感化に頼るべきである。これは、体験した者の言葉として、信じてほしい。(4)

人間の解釈ではなく、聖書の真理を頼みとしたこの偉大な改革者は、アウグスブルク、ウィッテンベルク、ウォルムスにある強大で腐敗した教会に対抗し、神のために固く立ったのです。ルターは、自分が始めたこの闘いが数年に及ぶことを知っていました。「わたしの敵たちは、わたしの著書を焼くことによって、一般の人々の心の中での真理の働きを妨げ、彼らの魂を滅ぼそうとした。それだから、わたしも彼らの著書を焼く。重大な闘いが、今始まったのである」(5)

人生の危機に直面したとき、彼は次のように言いました。

法王教徒たちは、わたしがウォルムスに来ることを望まず、ただ、わたしの断罪と死を求めている。それはかまわない。わたしのためでなく、神のみ言葉のために祈ってほしい。……キリストは、これら誤謬《ごびゅう》の使者たちに打ち勝つように、み霊をわたしに与えられるであろう。わたしは一生彼らを軽べつする。わたしは死によって彼らに勝利するであろう。(6)

しかし、神はルターを守られ、聖書をドイツの庶民の言葉に翻訳するための時間をお与えになりました。こうして彼らは、自分の言葉で聖書を読むことができるようになり、西欧社会全体が、すぐにこの恩恵を受けることになりました。ルターが自分の立場を鮮明に表したのは、ウォルムスにおいてでした。よく知られているように、**彼はここで、神と救いの道に関する理解は、伝統や人間の理解にではなく聖書に基づかなければならないと主張したのです。**

ドイツ語でなされたマルチン・ルターの論証は力強いものでしたが、当局者たちはラテン語で弁護を繰り返すようにと求めました。彼の足元をすくうためです。しかし、彼らの要求はルターにとって都合の良いものとなりました。ルターの二度目の弁論を聞いたドイツの皇子たちや、裁判に出席していた人々は、その主張を深く理解することができたのです。

議会が終わろうとしているとき、当局の代弁者は怒りをこめて言いました。「あなたは質問されたことに答弁していない。……あなたには、明瞭で正確な答えが要求されている。……あなたは取り消すのか、取り消さないのか」(7)ルターはこれに答えました。歴史における輝かしい瞬間でした。

皇帝陛下と殿下方は、わたくしに簡単で明瞭で正確な答えを要求しておられますので、ここにお答えいたします。それは次のとおりであります。わたくしはわたくしの信仰を、法王にも会議にも従わせることはできません。と申しますのは、両者ともしばしば誤りを犯し、また互いに矛盾してきたということが明白だからであります。それゆえ、わたくしは、聖書からの証明、あるいは明瞭な議論によって、納得させられないかぎり、また、わたくしが引用した聖句によって納得させられないかぎり、そして、このようにして、わたくしの良心が神のみ言葉によって義務づけられないかぎり、わたくしは取り消すことができませんし、取り消そうとも思いません。なぜなら、キリスト者が良心に背いて語ることは、危険だからであります。ここに、わたくしは立ちます。わたくしは、これ以外に何もできません。神よ、わたくしを助けたまえ。アーメン」(8)

歴史が伝えているように、マルチン・ルターと彼の協働者たちは、聖書のみを信仰の源とするという宗教改革の遺産の土台をもたらし続けました。わたしたちはこの原則のゆえに、単なる人間が作り出した解釈ではなく、聖書そのものに見いだすことのできる神ご自身の解釈に目を向けることができるのです。

歴史は続く

エレン・ホワイトはこう述べています。

宗教改革は、多くの者が考えているように、ルターの時代をもって終わったのではない。それはこの世界の歴史の終末まで続くのである。ルターは、神が彼の上に照らしてくださった光を他に反映して、大事業をしなければならなかった。しかし彼は、世界に与えられるはずの光を、全部受けたのではなかった。その当時から今に至るまで、新しい光が絶えず聖書を照らし、新しい真理が常にあらわされてきたのである。(9)

残りの教会であるセブンスデー・アドベンチスト教会に、聖書の純粋な真理を宣べ伝えるという宗教改革の働きを続けるように神は呼びかけておられると、わたしは信じています。わたしたちは、キリストの義と三天使のメッセージという福音の真理を示さなければなりません。再臨に関するこの尊い預言のメッセージの最後の布告について、セブンスデー・アドベンチストには多くの光が与えられてきました。わたしたちは、聖書に書かれていることに関する人間の考えや解釈ではなく、聖書の単純で純粋な真理を伝えるべきです。

神が求めるこの新たな改革の働きは、教会によってではなく、聖霊の力によって、わたしたちに与えられているものであると、わたしは信じています。神は、初期に見られた敬虔《けいけん》さ、純粋な「神はこう言われる」という信仰に戻るよう、呼びかけておられます。わたしたちは、リバイバルと改革、後の雨を求め、聖霊なる神に願わなければなりません。イエスは、黙示録二二章で約束されたとおり、間もなくおいでになります。地球の歴史の終わりの時代に、わたしたちは神のために固く立たなければならないのです。

マルチン・ルターは、自らの忠誠をはっきりと示しました。彼は、「ここに、わたくしは立ちます。わたくしは、これ以外に何もできません。神よ、わたくしを助けたまえ」と宣言しました。わたしたちは、進んでこの改革を続け、聖書の真理をしっかりと支持しなければなりません。わたしたちは、神がセブンスデー・アドベンチストに伝えるようにと求められているメッセージ、三天使のメッセージを進んで支持しなければなりません。また、聖書の預言者たちと共に立ち上がらなければなりません。たとえ天が落ちようとも、キリストのために進んで立たなければなりません。聖霊に満たされることを望まなければなりません。自己と高慢とを捨て去り、わたしたちに対する神のみ心を進んで受け入れなければなりません。

一八八五年、スイスのバーゼルに滞在していたエレン・ホワイトの語った言葉が、『教会への証』第九巻一八一ページ（英文）に記録されています。もともとは牧師たちに対して語られた言葉でしたが、この言葉と訴えとは、すべての人が瞑想するのにふさわしいものです。この言葉を聞く者、あるいは読む者が、主にある単純な真理に固く立つようにと、彼女は呼びかけています。彼女は、「牧師である兄弟諸君、あなたたちは神の豊かな約束を自分のものとしているだろうか」と問うています。

自己を視野から除き、キリストがそこに現れているだろうか。神があなたをお用いになる前に、自己は死んでいなければならない。あなたの意志は死ななければならない。それは、神の御心となるべきである。神は、繰り返しあなたを溶かし、すべての汚れから清めてくださる。神の力に満たされる前に、あなたにはなすべき大いなる働きがある。あなたが神の近くに来て、その豊かな祝福に気がつくことをわたしは熱望している。

わたしたちは、神によって溶かされ、心を乱すあらゆる疑いや不安から清められることを望んでいるでしょうか。**わたしたちは、偉大なる改革者であり聖書の擁護者であったマルチン・ルターの模範に従い、彼と同じように、「ここに、わたくしは立ちます。わたくしは、これ以外何もできません」と言うほどまで、真理に対して献身することを望んでいるでしょうか。**

地球の歴史の中でも、キリストが来られる直前であるこの終わりの時に、三天使のメッセージを伝えるために与えられている働きを理解するため、知恵を求め、熱心に祈らなければなりません。そして、実際にそれを宣べ伝えるための力を祈り求めなければなりません。また、謙遜さと聖霊の注ぎを求め、祈らなければなりません。この改革を継続し、人々の目をキリストと彼の義、真理、そして、すぐにも起こる再臨へと向けるため、神に用いていただけるよう、祈り求めなければなりません。

（1）『希望への光』一二八四ページ。
（2）White, *Selected Messages*, 2:376.
（3）『各時代の大争闘』一五〇ページ、新書判。
（4）同一五一ページ。
（5）同一六三ページ。
（6）同一七三、一七四ページ。
（7）同一八五ページ。
（8）同ページ。
（9）同一七一ページ。

［訳注］
＊1「汝ら、キリスト・イエスの心を心とせよ」（ピリピ二章五節、文語訳）

第12章

信仰よ、燃えよ

キリストが来られるしるしが、日に日に強く現れている中で、自給伝道機関においても教会の各機関においても、神の残りの民の間の一致が重要性を増しています。今ほど、ヘブライ人への手紙一〇章二四、二五節にある勧告を真剣に受け止めなければならない時はありません。「互いに愛と善行に励むように心がけ、ある人たちの習慣に倣《なら》って集会を怠ったりせず、むしろ励まし合いましょう。かの日が近づいているのをあなたがたは知っているのですから、ますます励まし合おうではありませんか」

わたしたちのキリストとの歩みにおいて、ほんの少しでも神とそのみ言葉に対する絶対的な忠誠からそれてしまうことは、致命的な結果をもたらします。

神の言葉からほんの少しそれたエバは、へびの惑わしに無防備になってしまいました。ロトの妻は、禁じられていたにもかかわらず、ほんの少しかつての家に目を向けたとき、命を失いました。イスラエルの民の心が約束の地から離れ、エジプトに向いたとき、彼らは故郷も寄留地も失い、荒れ野で死ぬことになりました。彼らはみな、一度は神に対して忠実でしたが、神から目をそらし、み言葉に頼ることをやめた結果、信仰の炎が徐々に消えていったのです。

彼らよりも強い忠誠心を持つことを強く勧める使徒パウロは、ヘブライ人への手紙において真の信仰の模範となる人々の名前を挙げ、大切なアドバイスを与えています。「あなたがたが怠け者とならず、信仰と忍耐とによって、約束されたものを受け継ぐ人たちを見倣う者となってほしいのです」（六章一二節）。これは、今日のわたしたちに対する神からの言葉でもあります。信仰に関して、わたしたちも怠け者となってはなりません。内におられる神の力によって、わたしたちはユダの手紙三節の「信仰のために戦う」という奨励を生き、信仰の火を燃やし続けなければなりません。

私たちは、娯楽を選ぶときにも、信仰のために戦わなければなりません。

かつてないほどの技術革新の時代を生きている私たちは、コミュニケーションのさまざまなツールとメディアにほとんど無制限にアクセスでき、伝道のために用いることが可能性です。しかし、そういったものは、クリスチャン生活にとって有益であるよりも害を与える場合があります。私たちは、用心深く魂への入り口を守らなければなりません。

真実で気高く、正しいこと、清いこと、愛すべきこと、名誉で徳や称賛に値することだけを心に留めるよう訴えているフィリピの信徒への手紙四章八節の言葉は、パウロの時代に真実であったように、私たちも今日心に留めるべきものです。娯楽を選ぶにあたって、このような聖書的原則や証《あかし》の書《ふみ》の勧告に導きを求める必要があります。

私たちは、人間関係において、信仰のために戦わなければなりません。

誰に対しても親切で友好的であることは大切です。しかし、親しい仲間として誰を選ぶのかということに関しては、注意深くなければなりません。そのような親しい関係は、神とそのみ言葉の真理という共通の固い土台の上に築き上げられるべきものです。「あなたがたは、信仰のない人々と一緒に不釣り合いな軛《くびき》につながれてはなりません」という指示を与えた後、パウロははっきりとした言葉で問いかけています。「正義と不法とにどんなかかわりがありますか。光と闇《やみ》とに何のつながりがありますか」(コリントの信徒への手紙二・六章一四節)。

私たちは、キリストとの歩みに励ましを与えてくれるような信仰深い友人を選ぶ必要があります。そして、神が喜ばれない生き方につながるような関係があるなら、神の助けを受け、それを終わらせなければなりません。

私たちは、日々の生き方において、信仰のために戦わなければなりません。

今日、世界のあらゆるところで、主に望まれていない生き方が奨励されています。不特定多数の相手との性的関係や、同性愛行為、暴力、不作法、放縦《ほうじゅう》、貪欲《どんよく》、高慢などは問題視されることがない一方で、純潔と節制の生活はばかにされています。そのような好ましくない影響から自らを守らなければなりません。

ヨハネは、悪に満ちた世にあって、信仰の生活を送ろうとする人たちに対するイエスの言葉を記録しています。

世があなたがたを憎むなら、あなたがたを憎む前にわたしを憎んでいたことを覚えなさい。あなたがたが世に属していたなら、世はあなたがたを身内として愛したはずである。だが、あなたがたは世に属していない。わたしがあなたがたを世から選び出した。だから、世はあなたがたを憎むのである。（ヨハネによる福音書一五章一八、一九節）

私たちは、主ご自身が歩まれたことのない道を歩めとは命じられていないのです。これは何という祝福でしょうか。また、次の言葉を読むとき、どれほど大きな励ましを受けることでしょう。

この大祭司は、わたしたちの弱さに同情できない方ではなく、罪を犯されなかったが、あらゆる点において、わたしたちと同様に試練に遭《あ》われたのです。だから、憐《あわ》れみを受け、恵みにあずかって、時宜にかなった助けをいただくために、大胆に恵みの座に近づこうではありませんか。（ヘブライ人への手紙四章一五、一六節）

イエスは、私たちと同じ所に立ち、同じ問題に向き合われました。そして、共に勝利の歩みをしていくため、必要な力を与えてくださると約束されているのです。

わたしたちは、熱心さをもって、信仰のために戦わなければなりません。

聖書は繰り返し、わたしたちの神が最上のお方であることを明らかにしています。ですから、もともと神のかたちに造られ、そのかたちに回復されつつあるわたしたちは、神を世に表すべき存在であり、神の栄光のため、何をなすにも最上に到達することを目指さなければなりません。

聖書には、バビロンの大臣や総督が、「政務に関してダニエルを陥れようと口実を探した。しかし、ダニエルは政務に忠実で、何の汚点も怠慢もなく、彼らは訴え出る口実を見つけることができなかった」と書かれています（ダニエル書六章五節、口語訳は四節）。高潔で熱心な彼の生き方は神の栄光を証しするものであり、王の好意を得ることができたのでした。自己満足や無関心、向上心のなさは、クリスチャンの生活に見られるべきものではありません。

わたしたちは、科学的知識を追い求めるときにも、信仰のために戦わなければなりません。

近年、聖書と科学の関係に興味を持つ人が多くいます。神は、わたしたちが自然界のあらゆる側面に目を向けることを望んでおられます。それは、神が造られたこの世界と、その中に置かれたさまざまな生物について、生物学や地質学、心理学や社会学が語っている事柄です。しかし、心に留めておくべきことがあります。サタンは、わたしたちが神のみ心やその業《わざ》を理解することがないように、神がお作りになった真理一つひとつの偽物を生み出します。天からの霊感を受けて、エレン・ホワイトは、科学の限界に関して核心に迫る発言を残しています。

多くの者にとって、科学の研究はわざわいとなっている。神は、科学と技術方面の種々な発見によって世界に輝かしい光が注がれるのをお許しになった。しかし、どんなに偉大な頭脳の持ち主であっても、その研究が神のみ言葉によって導かれないならば、科学と啓示の関係を探究するのに困難を感じるのである。(1)

神は、万物の根源であられる。すべての正しい科学は、神のみわざと調和している。真の教育は、すべて神の統治に従うように導く。科学は、新しい驚異を展開する。科学は、天空高く舞い上がり、未知の深海を探る。しかし、その研究から、神の啓示に反するものは、何一つ示すことはできない。(1)

科学を追及する者は誰でも、学生、教育者、研究する者も、その結果を活用する者も皆、神の創造の不思議を探っているのであり、このような限界があることを覚える必要があります。

わたしたちは、服装を通して、信仰のために戦わなければなりません。

イエスの模範に従おうとする者を含む多くの人が、この点について極端に走ることがあります。社会の標準に完全に合わせようとする人がいる一方で、見た目に関して、魅力的でないものを意図的に選び、世界と自分たちとを区別しようとしているような人たちがいます。クリスチャンは、この両極端から距離を置かなければなりません。『若い人たちへのメッセージ』にある、バランスのとれた霊感の言葉に耳を傾けましょう。「こぎれいな服装に反対するものではありません。上品な趣味を軽蔑したり、非難したりしてはいけません」(2)

しかし一方で、「衣服において自制することは、クリスチャンの義務の一部である。質素な服装をして、宝石類やあらゆる種類の装身具を見せびらかすことをやめるのは、私たちの信仰に調和している」とあります。(3) わたしたちは、服装を選ぶにも、聖書の原則と証の書の勧告、イエスの模範に従うとき、わたしたちの仕える、造り主なる神をバランスよく証しすることができるのです。

わたしたちは、神に受けたものの適切な管理を通して、信仰のために戦わな

ければなりません。

神はわたしたちにさまざまな資源をお与えになりました。わたしたちはこれらを賢く用い、自分たちの必要を満たすだけでなく、神に与えられた働きを支援しなければなりません。

*わたしたちは、神に託された財産の良き管理者として、忠実に主に什一をお返しし、諸献金をささげるべきです。

*わたしたちは、自らの身体の良き管理者として、健康の八つの必要を受け入れ、用いていくべきです。八つの必要――バランスのとれた菜食、定期的な運動、十分な水、日光、アルコール・たばこ・違法薬物などの有害物を避けること、新鮮な空気、適切な休息、神の力への信頼。

*わたしたちは、時間の良き管理者として、祈りとみ言葉の学びのために毎日特別に時間を設け、戒めにあるように安息日を聖別するべきです。

この最後の点に関して、「六日の間働いて、何であれあなたの仕事を」する一方で、「七日目は、あなたの神、主の安息日である」ことを心に留めなければなりません。あまりに多くのセブンスデー・アドベンチストが、安息日の存在を覚えていながら、その日を聖別することを忘れてしまっています。安息日は神の権威の証印であり、世界を造り、救うその力を思い起こすための日、そして、週ごとに神に近づくための機会なのです。何でも自分の好きなことをするための、単なる自由時間としてこの日を用いるという誘惑を拒まなければなりません。わたしたちは、安息日をそのように過ごす代わりに、神の力を得て、事前に備えることでその日を清く保たなくてはなりません。

この聖なる日には、日常的なことをやめ、教会で主を礼拝し、ほかの信仰者たちと交わる時を持つのです。そして、人々の霊的な必要に仕え、自然に見られる神のみ手のすばらしい業を楽しむことができます。もしわたしたちが、与えられたものを、ここに簡単に紹介されたように管理するのであれば、自分たちの日々の必要を満たすだけでなく、神の働きの必要のためにも、十分な時間と財産、肉体的な強さを得ることができるでしょう。

わたしたちは、霊的リバイバルを求め、信仰のために戦わなければなりません。

一八八七年三月二二日号のレビュー・アンド・ヘラルド誌（英文）には、「教会の最大の必要」と題されたエレン・ホワイトによる記事が掲載されています。その中で彼女は、「真の敬虔《けいけん》が私たちのうちにリバイバルされることは、すべての必要の中で最大の、最も急を要することです。これを求めることが、私たちの第一にしなければならないことです」（『真のリバイバル』一〇ページ）と述べています。

多くのセブンスデー・アドベンチストが主の祝福を求め、それぞれの個人的な生活において、また教会という集団において、真のリバイバルと改革が起こることを望み、真剣に祈っていることを思い、わたしは神を賛美します。しかし、先に触れたとおり、サタンは聖書のすべての真理に対する偽物を用意しているのですから、警戒を緩めてはなりません。聖書にも、証の書にも、終わりの時にはサタンによる偽《にせ》のリバイバルが、できれば「選ばれた人たちをも」惑わすために行われるだろうという警告がなされています。

エレン・ホワイトは、今まさにわたしたちのうちに起きていることに関して、鋭い言葉を残しています。

私たちには、単純な福音を複雑にする危険が常にあります。多くの人々には、何か独創的なもので世を驚かせ、霊的陶酔《とうすい》の状態になって、現在の状態とは違った経験に入りたいという強い希望があります。現在の経験を変えることは確かに必要です。それは現代の真理の神聖さが十分に理解されていないからです。必要なのは心の変化です。それは、個人的に神の祝福とみ力を求め、神の恵みによって私たちの品性が改変されるよう、熱心に祈ることによってのみ得られるのです。これが今日必要な変化です。この経験に到達するためには、私たちはたゆまず力を働かせ、心からの熱心をあらわす必要があります。(4)

わたしたちは、証の書に対する確信に関して、信仰のために戦わなければばな

りません。

セブンスデー・アドベンチストの中には、証の書からの勧告を重視しなかったり、拒んだりする人たちがいます。最近では、エレン・ホワイトの著作には個人の信仰を養うという意味では価値があるとしても、一九世紀に限定された彼女の見解をもって二〇世紀の聖書理解を形成するべきではない、という人たちの声も耳にします。しかし、証の書は終わりの時代の残りの民への神からのすばらしい賜物の一つであることを、わたし自身確信していますし、セブンスデー・アドベンチスト教会全体としても強く、臆することなく宣言しています。

わたしたちは、神の言葉を信頼し、神の謙遜なメッセンジャーであるエレン・ホワイトのアドバイスに従わなければなりません。彼女は、聖書を神の権威ある言葉として示し続けました。牧師、教師、行政者、地域教会の指導者など、誰であっても、この証の書への信頼を弱めさせるようなことをしてはいけません。

パウロは、テサロニケの人々に対して、「〝霊〟の火を消してはいけません。預言を軽んじてはいけません」と言っています（テサロニケの信徒への手紙一・

五章一九、二〇節)。エレン・ホワイトも、特に終わりの時の状況に関して、次のように述べています。

証(の書)に対するサタンの憎しみが燃え上がるでしょう。サタンは証に対する教会の信仰を揺るがすように働くでしょう。それは、もし神のみ霊の警告や譴責《けんせき》、勧告に心が向けられるなら、サタンは魂を惑わすことができなくなるからです。(5)

この終わりの時にあって、わたしたちの内で霊的リーダーとして尊敬されている人であっても、神から離れてしまうかもしれません。わたしたちの魂の安全のために、忠実でい続ける必要があります。小さな疑いの念でも、友人や家族などの間で、あるいは誰かが口にするあからさまな冗談でも、神のお選びになったメッセンジャーであるエレン・ホワイトを通して与えられている真理からわたしたちを引き離すことがあってはなりません。

わたしたちの必要、聖霊

わたしたちの直面する誘惑が、時々訪れるちょっとしたものだったとしても、忠実でい続けることは困難でしょう。私たちには罪の性質があるため、聖霊の力なしに神の律法を守ることは絶対に不可能です。人間的な努力によって、神が求めておられるレベルの霊的活力を得ることはできません。しかし、わたしたちの仕えている神はそれがおできになるのです。キリストは、わたしたちの信仰の創始者また完成者です。ですから、キリストの力のみによって、エフェソの信徒への手紙四章一三節が「キリストの満ちあふれる豊かさ」と呼ぶところに到達するまで、信仰のために戦い続けましょう。

主はわたしたちを心から愛されるがゆえに、わたしたちの「ために」だけでなく、わたしたちの「内に」、また、わたしたちを「通して」働かれようとされています。わたしたちの「ための」キリストの働きを通して、わたしたちにキリストの義が帰されます。キリストがわたしたちの「内に」働かれることで、忠実でい続けるために必要な霊的強さを得ることができます。そして、わたしたちを「通して」の働きに、救いを受け入れる人々へその知らせを届けるという、神の使命を実行するほかの忠実な信者の働きを結びつけられるのです。

神は、あらゆる国民、種族、言葉の違う民、民族に三天使のメッセージを伝える働きをさせるため、セブンスデー・アドベンチスト教会をご自身の残りの民としてお立てになりました。気がひるむほど大きなこの目標に、やみくもな努力をもって到達することは不可能です。この使命を完遂《かんすい》させるためには、注意深く計画を立て、フルタイムの教会働き人と献身した信徒の力を注ぐ必要があります。エレン・ホワイトは非常にはっきりと述べています。「この地上における神の働きは、われわれの教会の会員である男女が、働くために奮起し、牧師や教会役員たちと力を合わせるまでは、決して終わることができない」(6)

このように互いに力を合わせて働くということは、わたしたちの時代に特有のものではありません。神が旧約時代のイスラエルに対しても、初代キリスト教会に対しても、力を合わせて働くことを意図されていたことは、聖書を読めば明らかになります。

旧約聖書にある主の指示に呼応して、使徒ペトロはこう宣言しています。「あなたがたは、選ばれた民、王の系統を引く祭司、聖なる国民、神のものとなった民です。それは、あなたがたを暗闇《くらやみ》の中から驚くべき光の中へと招き入れてくださった方の力ある業を、あなたがたが広く伝えるためなのです」（ペトロの手紙一・二章九節）。ペトロは、彼の時代のキリスト教会の指導者だけに語っているのではありません。キリストのからだの全体に対して、つまり、青年から老人まで、すべての教会員に向けて話しているのです。すべての教会員が、「暗闇の中から驚くべき光の中へと招き入れてくださった方の力ある業」を「広く伝える」という神聖な責任を負っています。

もちろん、わたし自身も、キリストと正しい関係にある状態で、そのお帰りを迎えたいと願っています。しかし、それと同じくらいに強く願っていることは、キリストのお帰りを生きたまま迎えるということです。そして、それは起こり得るのです。聖書の中にある、時に関する預言はすでにすべて成就しています。キリストが予告していた世界規模の不安状態は、自然界にも、政治、道徳の世界でも実際目に見えています。ローマの信徒への手紙一三章一一節にパウロが書いている「どんな時であるかを」知るということは、ほかのどの時代よりも今に当てはまるものです。わたしたちは、「今や、わたしたちが信仰に入ったころよりも、救いは近づいている」ことを知っています。

聖霊の力により頼み、壮大な理想や望みと、今の世代で働きを終わらせるためになされなければいけない実際的な事柄との間の溝を埋めるため、皆が力を尽くさねばなりません。そして、**「働きを終わらせる」ために必要な最初のステップは、実際に働きに出ることです。**「われわれはみな、神と共に働く者とならねばならない。なまける者はだれも、神の僕《しもべ》として認められない。教会員は、その教会の生命と繁栄が、自分たちの行動によって左右されるということを、個人的に感じなければならない」(7)

信仰に火をつけたいのであれば、袖をまくり、聖霊の力によってキリストのために働きましょう。教会の安息日学校プログラムを活き活きとしたものにするため、定刻出席をし、日毎研究で学んだことを話し合う備えをしましょう。毎週の祈祷会に参加し、信仰の仲間たちが、神の恵みの座にささげる他者のための執り成しの祈りから力を受けましょう。必要があるときには教会の高齢の教会員を助け、地域に住む真に困窮している人たちと、コミュニティ・サービス・センターでのボランティアを通じて触れ合いましょう。伝道用の書籍をどこへでも携えていき、会う人々に一番適したものを手渡しましょう。教会事務会に参加し、それが大きな責任でも小さな責任でも、推薦委員会の依頼する教会役員を引き受けることで、教会に良い影響を与えましょう。これに関しては、推薦委員となって喜んで奉仕するのもよいでしょう。

セブンスデー・アドベンチスト教会の指導者たちや、ある年代の人たち、あるいは特定のグループだけで、終わりの時代の神の残りの民に主から与えられている要求に応えることはできません。わたしも読者の皆さんも、キリストのための働きに出ていかなければなりません。『クリスチャンの奉仕』という小さくもすばらしい本の中から、再び引用します。

団体の働きをもって、個人的な働きの代わりにしようとする傾向が、どこにでも見られる。人間の知恵には、団結し、一つに集結して、大きな教会や機関を建設しようとする傾向がある。大勢の人が慈善事業を、各種団体、機関にまかせ、自分は社会との接触を避けるため、心はだんだんと冷えてくる。そういう人は自己に没頭し、感受性を失い、神と人とに対する愛が絶えてしまう。

キリストは従う者に、それぞれ働きを委任された。それは、代理人ではできない働きである。病人や貧しい人々への奉仕、迷った人に福音を伝える仕事は、委員会や組織だった慈善事業団体にまかせておくべきではない。福音は個人的な責任、個人の努力、その人自身の犠牲を要求する。(8)

唯一の目標は、神の栄光を表すこと

わたしたちは、キリストとの歩みの中で、神の栄光を表すというただ一つの目標のみに、真剣に心を向ける必要があります。約束された聖霊を注いでくださるよう主に願いながら、日ごとの聖書研究と祈りに十分な時間を取らなければなりません。情熱的な信仰のリバイバルを求め、また、生活の中に見られる、聖書の命令と証の書の勧告に一致しない部分の改革を求め、謙遜さをもって主に願う必要があります。そして、個人の新生を超えて、神が一つひとつの教会に託されている働きを終わらせるため、わたしたちは、個人的な努力とかかわりを通して、神の残りの教会のリバイバルと改革を目指して、積極的な役割を果たす決意をすべきです。わたしたちは、各教会や教区によってなされる聖書と証の書に基づいた伝道活動を支援し、発展させていくことを通して、人々に対する再臨運動の働きかけにおいて不可欠な役割を担うべきです。

聖霊の力で、イエスの似姿に変えていただくときに、わたしたちはイエスに命じられた働きを、自然に始めることができるようになります。このようにして、わたしたちが何を避けるのかということだけでなく、わたしたちが何をなすのかということを通して、イエスの品性が表されていくのです。ホワイト夫人は、そのようなリバイバルの結果を『キリストの実物教訓』の中で描写しています。

キリストの品性が完全にキリストの民の中に再現された時に、彼らをご自分の所に迎えるために、主はこられるのである。
主イエス・キリストの再臨を待ち望むばかりでなく、それを早めることが、**すべての**クリスチャンの特権である。……キリストの名をとなえるすべての者が、**神のみ栄えのために実を結ぶ**なら、福音の種は、どんなにすみやかに、全世界にまかれることであろう。世界の最後の大収穫は、急速に熟すであろう。そして、この尊い実を集めるために、キリストはおいでになるのである。(9)

ですから、わたしたちは主に願って、信仰の火をつけていただかなければなりません。聖霊が自分たちの内にイエスの品性を作り上げることを願うこの世代に加わらなければなりません。自らに頼ることをやめ、完全にイエスに信頼し、こう言うのです。「十字架ならで　たのむかげなき　わびしきわれを　憐れみたまえ」*1

わたしたちが神に完全に身をゆだねるとき、主はわたしたちの「ために」、わたしたちの「内に」、そして、わたしたちを「通して」大いなる業を行われるのです。

わたしたちは、ネブカドネツァルが見た立像のつま先の最も先の部分を生きています。今、黙示録に予告されている終わりの時の出来事が起きているのです。神の民を力づけるため、後の雨が間もなく降ろうとしています。帰郷の時は近いのです。

イエスに仕えることに、また、神の聖なるみ言葉と証の書を高く掲げるため、喜んで献身しますか。周りの人々に救いのメッセージを伝えるため、与えられた才能を喜んで使いますか。内に住まわれる聖霊の力によって信仰の火が燃やされ、キリストのかたちに造り変えられていき、間もなくキリストと対面する世界において、その大使となることを願っていますか。

（1）『各時代の大争闘』六〇一ページ、新書判。『希望への光』一二六ページ。
（2）『希望への光～クリスチャン生活編』五二〇ページ。

(3)『伝道』上巻三六三ページ。
(4)『セレクテッド・メッセージ1』二五一ページ。
(5)同五一ページ。
(6)『教会への勧告』上巻一一一ページ。
(7)『希望への光～クリスチャン生活編』八九九、九〇〇ページ。
(8)同八九九ページ。
(9)『希望への光』一二一一ページ。(強調は引用者)

訳注

＊1 『希望の讃美歌』三三一番「千歳の岩よ」

第13章

前進せよ

キリスト来臨の前兆は、日に日にその数と勢いとを増しています。破壊的な自然災害や世界政治の混乱、規模を拡大する妥協的な教会合同の動き、そして、劇的に影響力を増している心霊主義（スピリチュアリズム）。世界経済の衰退や、社会や家庭における価値観の崩壊、神の聖なる言葉、特にその十戒の絶対的権威に対する疑念。蔓延《まんえん》する犯罪、道徳的退廃、戦争と戦争のうわさ、ほかにもまだ考えられるでしょう。このすべてが指し示しているのは、間違いなくこの地球歴史のクライマックスであり、わたしたちを天の故郷へと連れて行く最後の旅の始まりである、主の再臨なのです。

わたしたちは、このような不安定な世界のただ中にあって、変わることのない神の言葉を心から信頼し、平安を得ることができます。このことを知っているわたしたちは、非常に祝福されています。人類歴史の全体を通じて、神はご自身の聖なる言葉をサタンの執拗《しつよう》な攻撃から守られ、人の起源に関する正確な記述と、わたしたちに与えられる救いの確かな記録を保護し、間もなくおとずれる輝かしい解放を見せてくださいました。

その真理の力を通して、神はこの混乱に満ちた世界からセブンスデー・アドベンチスト教会を生み出されました。わたしたちは、神の残りの民として、独特の集団とならなければなりません。キリストとその義、黙示録一四章の三天使のメッセージとキリストの間もない来臨の良き知らせを、世に伝えるのです。

世界歴史の終わりの時を生きる、聖書を信じるクリスチャンとして、わたしたちは使徒ペトロが語ったように、「選ばれた民、王の系統を引く祭司、聖なる国民、神のものとなった民」となり、「暗闇《くらやみ》の中から驚くべき光の中へと招き入れてくださった方の力ある業《わざ》を……広く伝え」なければなりません（ペトロの手紙一・二章九節）。黙示録一二章一七節に「神の掟《おきて》を守り、イエスの証しを守りとおしている者たち」として特定されている神の残りの民として、わたしたちは、解放の希望に関する特別なメッセージを持っています。これは、全世界に神の恵みを宣べ伝えよという義務です。エレン・ホワイトの言うように、「セブンスデー・アドベンチストは、世から聖別された神に属する特別な民として、神によって選ばれた。……神は、彼らを御自身の代表者とし、救いの最後の働きにおいてその大使とするために、彼らを召集された」のです。(1)

この教会の特徴とは

安息日――聖書には、神の最後の民は、神の十戒のすべてを受け入れ、信じると書かれています。それには、主の聖なる安息日を守るように呼びかけている第四条も含まれます。**わたしたちは、第七日安息日を守ることで、初めに神が天地を造られたことへの信仰を示します。そして、終わりの時に安息日を遵守《じゅんしゅ》することは、神へ献身した者たちと、神が聖別されていない日を聖とさせる獣の刻印を受ける者たちとを区別するものとなります。**

黙示録一四章の三天使のメッセージの一つひとつが、安息日に関係するものです。最初の天使は「永遠の福音(キリストの義)」を伝え、「神を畏《おそ》れ、その栄光をたたえなさい。神の裁きの時が来たからである。天と地、海と水の源を創造した方を礼拝しなさい」と言います（一四章六、七節）。神こそが造り主であり、神とそのみ言葉への忠誠のしるしとして、また、その天地創造の力を認めるしるしとして、安息日に礼拝されるべきお方なのです。

第二の天使は、「倒れた。大バビロンが倒れた。怒りを招くみだらな行いのぶどう酒を、諸国の民に飲ませたこの都が」（八節）と言います。バビロンは、神の戒めを貶《おとし》め、創造主としての神の記念として聖書に認められている第七日安息日ではない日を、礼拝日として定めたのです。

第三の天使は、獣とその像を拝み、額《ひたい》や手に獣の刻印を受けるものに対して、「火と硫黄《いおう》で苦しめられる」と警告しています（九〜一一節参照）。聖書は、日曜礼拝が、獣とその像を拝むことと深い関係があることを示しています。神は、日曜礼拝に聖書から対抗する第七日安息日遵守を、神を礼拝すると宣言した者の忠信を試す根拠としてお選びになりました。

救い――第三の天使は、その呼びかけの終わりに、神の残りの民を「神の掟を守り、イエスに対する信仰を守り続ける」者たちであるとしています。神の真の子たちは、救いに関してイエスに完全により頼み、自分たちとイエスとの関係に頼ります。彼らは、行いによってではなく、キリストの恵みを通して、救いを得ます。その恵みとは、神の赦《ゆる》しとその力、すなわち、義認と聖化とをもたらしてくださるという約束です。信仰者の「ために」キリストがなされること（日々義認を与え、神との関係を、彼らが罪を犯さなかったかのようにすること）は、信仰者の「内に」してくださること（キリストに従う者を日々きよめ、イエスに似た者となるよう、聖霊の力をもって彼らに変化を与えること）と、分けて考えるべきではありません。これこそが、第一天使の使命の「永遠の福音」です。これこそが、信仰による義なのです。

神が、黙示録一四章にある三天使のメッセージを宣べ伝えるよう、セブンスデー・アドベンチスト教会に命じられていることをわたしたちは信じています。ですからわたしたちは、神の恵みについて語る理由を、ほかの誰よりも持っているのです。アドベンチストの特徴である大争闘というテーマは、罪人を救われる神の恵みと、彼らをご自身の息子・娘として造り変える神の力に関するものです。彼らは、信仰の創始者また完成者であるイエスとの生きたつながりを持っているゆえに、聖霊の熱情を抱き、忠実な証人として三天使のメッセージを宣べ伝えるのです。

イエスが十字架上で流された贖《あがな》いの血と、現在天の聖所で行われている贖いの働きとは、ただ一つの目的を持っています。悔い改めたすべての罪人の救いです。キリストの贖いの犠牲と大祭司としての働きのゆえに、「憐れみを受け、恵みにあずかって、時宜にかなった助けをいただくために、大胆に恵みの座に近づ」くことができます（ヘブライ人への手紙四章一六節）。罪に病むこの世界に宣べ伝えるように言われているのは、このようにすばらしく力強い、人を救う恵みなのです。

また、神の恵みの深さを真に理解したときにのみ、わたしたちは放縦と自己過信という二つの極端に陥ることから守られます。『キリストへの道』というすばらしい本には、次のようにあります。「私たち自身のうちには何ら誇るところがなく、自己を賞揚する何の根拠もありません。私たちの唯一の希望は、キリストの義が私たちの義とみなされること（義認）であり、それは、私たちのうちに働き、私たちを通して働いてくださる聖霊の働き（聖化）による以外にはないのです」(2)

預言の霊（証《あかし》の書《ふみ》）――黙示録一二章一七節では、神の残りの民を示すもう一つのしるしが明らかにされています。彼らには「イエスの証し」があり、それは一九章一〇節から、「預言の霊」であることがわかります。**かつて、聖なる人々を用い、聖書となる書物を書かせたのと同じ霊が、この終わりの時には主のメッセンジャーを立たせられます。神は、想像しうる限りもっとも優れた賜物である、預言の霊による書物（証の書）をわたしたちに与えてくださいました。**神は、その謙遜な僕《しもべ》であるエレン・G・ホワイトを通して、聖書やその預言、健康、教育、人間関係、宣教、家族など、あらゆる事柄に関して、霊感に満ちた洞察を与えられました。聖書が、時の経過と共に古くなったり、意義を失ったりすることがないように、終わりの時の神のメッセンジャーの証もまた、時代遅れになることはありません。

この賜物の益を受けるためには、預言の霊によって導かれた書籍を読み、そこに見られる勧告に従い、他者と分かち合う必要があります。他者に紹介すべき本は多くありますが、エレン・ホワイトがより多くの人に配られることを望んでいたのが、『各時代の大争闘』という本です。

預言の霊は、終わりの時代における神の残りの民を示すしるしの一つです。そこに書かれている勧めは、天がわたしたちに与えられたものであり、かつてと同様、今日にも適用されるものです。神の忠実な残りの民は、エレン・G・ホワイトの書物に与えられている尊い光をないがしろにしてはいけません。

エジプトから逃れたイスラエル

旧約時代、神は特定の家族を召し出され、メッセージと到達すべきところとを与えられました。信仰の旅路を行き、神の恵みを世界に宣べ伝えるように命じられたのです。イスラエルの民は、エジプトの地に四百年近く住み、エジプト人によって奴隷とされてしまいました。しかし神は、モーセ、アロン、ミリアムを用い、奇跡的な方法でその民を解放され、約束の地までの旅を始められるようになさいました。彼らが神に与えられた使命を成し遂げることができるようになるためです。

十の災いがエジプトに大きな打撃を与えたため、エジプト人たちはイスラエルの民を解放する気になりました。イスラエルの民は南に向かいました。「主は彼らに先立って進み、昼は雲の柱をもって導き、夜は火の柱をもって彼らを照らされた」（出エジプト記一三章二一節）。神は、その民を昼も夜も導かれる、すばらしいお方なのです。

主はイスラエルの民を紅海の西側、エジプトの荒野と接するあたりに導かれました。出エジプト記一四章二節には、神がモーセに、海の横に宿営するように命じられている場面が描かれています。「ミグドルと海との間のピ・ハヒロトの手前で宿営するよう命じなさい。バアル・ツェフォンの前に、それに面して、海辺に宿営するのだ」

わたしの父は、一五年ほどエジプトに滞在していましたが、その間に『人類のあけぼの』にある宿営地の様子やその辺りの地理についての研究をし、エレン・ホワイトの描写に合う場所を見つけました。それは、西にはエジプトの荒野、正面には山、東には紅海、そして背後にはエジプトを見る場所でした。そこから紅海を渡るのは非常に困難だったと思われます。神がエジプト人よりも力強いことが、確かに証明されたことでしょう。

一四章五、六節には、ファラオがイスラエル人を行かせてしまったことを悔やんだとあります。彼は「えり抜きの戦車六百をはじめ、エジプトの戦車すべてを動員し」て追いかけていきました(七節)。一〇、一一節では、ファラオの軍隊が近づいてきていることを知ったイスラエルの民がひどく動揺し、モーセを責めて、「我々を連れ出したのは、エジプトに墓がないからですか。荒れ野で死なせるためですか」と詰め寄ります。

神に導かれていることが明らかであるのに、なぜ人は恐れてしまうのでしょうか。イスラエルの民は、昼は雲の柱、夜は火の柱という奇跡を見ていたにもかかわらず、なぜ、その柱の背後にある神の力を信じることができなかったのでしょうか。

わたしたちが時に信仰を失ってしまうのはなぜでしょうか。なぜ、神の導きと憐れみを見、その存在を近くに感じながら、何かがうまくいかないと、神を責めてしまうのでしょうか。ここには、わたしたちが学ぶべき教訓があります。

人々の恐怖心を知り、モーセは彼らに「落ち着いて、今日、あなたたちのために行われる主の救いを見なさい」と命じました（一三節）。わたしたちは、自らの衝動に従って行動する誘惑に駆《か》られ、主に歩みを導いていただかないことがありますが、神はご自身のそば近くにいるようにとおっしゃいます。イスラエルの民を安心させるため、モーセは力強い約束の言葉を語ります。この約束は、キリストとサタンの大争闘の最も激しい時を迎えようとしているわたしたちも、自らのものとして捉《とら》えるべきです。「主があなたたちのために戦われる。あなたたちは静かにしていなさい」（一四節）。

主がわたしたちのために戦われるのです。神が道を開かれます。ご自身の教会に勝利を与えられます。しかし、わたしたちは主を信頼する必要があります。その御前に身を低くするのです。主に服従し、その導きに従わなければなりま

せん。

そして、神はモーセを通して、イスラエルの民に命令をお与えになりました。それは、今日、終わりの時にある神の教会に与えられているのと同じ命令です。「主はモーセに仰せられた。『……イスラエル人に**前進するように**言え』」（一五節、太字強調著者、新改訳）。

神が前進するように命じられるとき、わたしたちは前進しなければなりません。

しかし、イスラエルの民は、全体像を見ることができませんでした。神に導かれていることを忘れてしまったのです。わたしたちは、かつて神がどのようにこの再臨運動を導かれたのかを忘れてはなりません。また、神がこの運動を勝利へと導かれ、神の御名に栄光が帰され、その救いの計画の正しさが全宇宙に証明されていくということを、忘れてはならないのです。わたしたちは、大争闘の最終局面を生きています。帰郷の時は近く、神は「前進せよ」と命じられています。

しかし、イスラエルの民は、右手には荒野が、正面には山が、左手には紅海があり、後ろからはエジプト軍が追いかけてきていたため、逃げ場がありませんでした。そこで、神の力を見失ってしまいました。彼らに見えていたのは、迫り来るエジプト軍の剣《つるぎ》と盾《たて》、戦車、そして、行く手を阻む障害物だけでした。どこに行けばよいのでしょう。何ができるのでしょうか。

わたしたちも、個人的に、また教会として、障害物に直面することがあります。ある人にとって、それは一方では聖書に対する不信という山、もう一方ではリベラルな聖書解釈という荒野であり、霊的混乱という軍隊が背後から迫っています。

しかし神は、彼らのことを聖なる国民、神のものとなった民とお呼びになり、「前進せよ」と命じられます。

ある人たちは、一方では経済的困難という山に囲まれ、他方には家族や個人的な問題という荒野があり、誤りと罪に満ちた社会という勢力が後ろから近づいてきます。

彼らに対して、主は、「あなたたちは選ばれた民である。前進せよ」とおっしゃるのです。

またある人たちは、無理解という山、家庭や職場、教会、社会にあっては不安と混乱という荒野、後ろから押し迫る精神的な葛藤《かっとう》や不信という軍隊に捕らえられているように感じています。

しかし、**神は言われます。「状況に関係なく、前進せよ」**

信頼を強くするため

霊感の書には、次のようにあります。

神は、み摂理のうちにヘブル人を海に面した山の中に導かれたが、それは、神が彼らを救う力を示し、彼らを圧迫する者の誇りをあからさまにくじくためであった。神は別の方法を用いて彼らを救うこともできたが、彼らの信仰を試み、神に対する彼らの信頼を強めるために、この方法をお選びになった。(3)

そのとき、神はその偉大なる奇跡の一つを行われました。イスラエルの民を導くために用いられていた雲が後ろに回り、エジプト軍から彼らを守ったのです。そこでモーセは手を伸ばし、神が紅海の中に広い通り道をお作りになりました。そして、雲がエジプト人を抑えている間に、イスラエルの民は信仰を持って紅海へと一歩踏み出したのでした。

百万人が海の中の乾いた道を歩いていく、感動に満ちたこの光景を思い浮かべることができますか。水族館にいるかのように、泳ぐ魚を見てほほ笑む子どもたちのことを想像してみてください。

霊感のペンは、この出来事から得られる教訓を、力強い言葉で表現しています。

ここに教えられている驚くべき教訓は、いつの時代にもあてはまるのである。クリスチャンの生涯は、しばしば危険にさらされ、義務を果たすことが困難に思われる。われわれは、前方には滅び、後方には束縛や死が迫っているように考える。それにもかかわらず、神のみ声は明らかに「前進せよ」と語っている。われわれの目が、暗黒を貫いて見ることができなくても、また、冷たい波を足もとに感じても、われわれはこの命令に従わなくてはならない。われわれの前進を妨げる障害物は、ためらったり疑ったりしていては取り去られることはない。(4)

わたしたちは、今、そして将来直面するあらゆる問題を乗り越えさせてくださる全能の神を見上げなければなりません。神への信頼を失ってはなりません。その「前進せよ」という命令に聞き従わなければなりません。神は、わたしたちが個人として、また集団として経験するあらゆる障壁を越える道を備えてくださいます。

神は、モーセとイスラエルのすべての民に対する計画をお持ちでした。そして、皆さんや教会に対しても、計画をお持ちです。この力強い再臨運動の目指すところを疑ってはなりません。神がすべてをご支配なさっています。神は、誰がこの大争闘に勝利するかを、預言の言葉を通して教えてくださっています。

勝利するのはもちろん、神なのです。

イスラエルの民が紅海の向こう岸にたどり着いたとき、神はエジプト人がその後を追うことをお許しになりました。出エジプト記一四章二三～三〇節に、そのときの様子が描かれています。戦車からは車輪が外れ、深い紅海が全エジプト軍を飲みこみました。完全なる勝利です。これこそが、わたしたちが「落ち着いて……主の救いを見」るときに起こることです（一三節）。

三一節には、「イスラエルは、主がエジプト人に行われた大いなる御業《みわざ》を見た。民は主を畏れ、主とその僕《しもべ》モーセを信じた」とあります。出エジプト記一五章には、モーセとイスラエルの民の歌う大勝利の歌が残されています。それは、次のような言葉で始まります。

「主に向かってわたしは歌おう。主は大いなる威光を現し／馬と乗り手を海に投げ込まれた。主はわたしの力、わたしの歌／主はわたしの救いとなってくださった。この方こそわたしの神。わたしは彼をたたえる。わたしの父の神、わたしは彼をあがめる」(一、二節)。

再臨運動の兄弟姉妹の皆さん、わたしたちはすばらしい旅路を歩んでいます。**わたしたちは、自らの救いのため、神のみを見続けなければなりません。**主のメッセンジャーは、「神がお導きになる道は、荒野や海を通っているかも知れないが、安全な道なのである」と述べています。(5)

もちろん、神がわたしたちを導かれるところがどこであっても、ほかの道を進むようにというサタンからの誘惑があることは間違いありません。神が「前進せよ」とおっしゃるときはいつでも、サタンは「後退せよ」と言うのです。エジプトに戻るのではなく、約束の地へと前進するようにイスラエルの民に言われたのと同じ神が、もうすぐ永遠の故郷へと帰ろうとしているわたしたちに対して、前進し、決して後退することのないように命じられています(一四章一五節参照)。

神の招き

神は、わたしたちが戻ってしまうのではなく、前進するように、天が落ちかかろうとも、真理のために立つようにと招いておられます。ですから、わたしたちの教会がよって立つ聖書の真理の柱を傷つけるような狂信的な神学、土台のない神学から離れる必要があります。歴史的なセブンスデー・アドベンチスト教会の持つ聖書の信仰は、決して動かされるものではありません。終わりの時まで、しっかりと保たれるのです。預言の霊の語る言葉を心に留めましょう。

私たちの歴史のこの時期に、ひそかに強力な方法で私たちの信仰の土台を壊そうとして人々を導いているのは、どんな影響力でしょうか。私たちの信仰の土台は、この働きの初めに、祈りのうちにみ言葉の研究と啓示によって置かれたものです。……私たちは神の戒めを守る民です。……あらゆる種類の異端が、私たちの所にもたらされ、み言葉の教えについて心をくもらせました。特に天の聖所におけるキリストの奉仕と、ヨハネの黙示録一四章の天使によって与えられた終末時代に対する天の使命に関して、私たちの心をくもらせてきました。一つ一つ、祈りつつ研究されることによって探し出され、奇跡を行われる主の力によって証明された真理の代わりに、あらゆる種類のメッセージがセブンスデー・アドベンチストに対して熱心に説かれてきました。しかし、私たちを今日の私たちにした道しるべは、保たれるべきであり、神がみ言葉と聖霊の証を通して示されたように、保たれるに違いありません。神は私たちに、信仰を固くし、議論の余地のない権威を土台とした根本的な原則に固く立つよう、求めておられるのです。(6)

戻るのではなく、前進しましょう。聖書をそれ自体の解釈者としましょう。

わたしたちの教会は、歴史と聖書本文に基づく解釈法(historical-biblical method)、歴史と文法を手掛かりとする解釈法(historical-grammatical method)を、長く採用してきました。それは、聖書自体を用いて、命令を一つずつ、規則を一つずつ理解していく方法です。聖書に対する悪意ある攻撃の一つが、歴史批評的解釈法（historical-critical method）を採用する人たちによってなされています。これは、人間の権威を聖書の権威よりも高いものとみなすもので、真理を決定するのは人であるという立場を取ります。このような方法からは距離を置くべきです。これは、神とその言葉への信頼を失わせ、わたしたちの神学と宣教使命に対する脅威であるからです。

エレン・ホワイトは、これについてはっきりと述べています。

> 人がその限られた判断力で聖書の霊感を判断しようとするのは、イエスの前に出て、そのお導きよりももっと良い方法を彼に示そうとしているようなものです。……聖書を批判してはなりません。……聖書に堅く立ちなさい。聖書の正しさを批判することをやめて、み言葉に従いなさい。そうすれば、だれ一人として失われることはありません。(7)

戻るのではなく、前進しましょう。証の書を、セブンスデー・アドベンチス

ト教会に与えられた尊い賜物の一つとして受け入れましょう。かつてと同様、現在においても価値あるものとして、そして、将来さらにその重要さを増すものとして受け入れましょう。わたしたちは、真理を最終的に定めるのは聖書であると信じています。証の書は、明確で霊感に満ちた勧告によって、その真理を正しく適用するための助けとなるのです。証の書は、神が与えられた使命を成し遂げていくための方法を示す、神から送られた天来の導き手です。聖書の神学の確かな注解です。証の書を読み、信じ、適用し、勧めていかなければなりません。これは、人を傷つけるためのこん棒のようなものであってはなりません。地上歴史の終わりの時代に、神の教会に導きを与えるすばらしい祝福としてみなされ、用いられるべきものです。わたしの確信を繰り返します。証の書は、決して、古くさく、時代遅れのものではありません。これが、キリストの来られる時まで、わたしたちを助けるものとなることを、神は望んでおられます。

戻るのではなく、前進しましょう。神は、わたしたちが礼拝の中心にキリス

トを置き、聖書をその土台とするように招いておられます。世界中さまざまな文化があることは確かですが、礼拝で用いられる音楽などの要素が異教的なものに変えられていき、感情や体験にばかり焦点を合わせるようなものとなって、神の言葉への関心が失われるようなことがあってはなりません。わたしたちの礼拝は、それが単純であっても複雑であっても、ただのパフォーマンスになってはいけません。自己や人間に注目するのではなく、キリストのみが高く掲げられるべきです。何が適切で、何がそうでないかのわかりやすい境界線を引くことは不可能ですが、礼拝で用いる音楽に関して、賢明な判断をすることを、聖霊は助けてくださいます。

戻るのではなく、前進しましょう。セブンスデー・アドベンチストの中でも見られることですが、**目新しく、流行っているという理由だけで、礼拝や伝道の方法を採用し、誤った習慣に合わせてしまうことに対して、神は警告しておられます。**わたしたちは、すべてのことを用心深く、神の言葉の持つ最高の権威と、エレン・G・ホワイトの書物という祝福から得られる勧告に照らして見極めるべきです。霊的な発展を謳《うた》いつつ、誤った神学に基づいているメガ・チャーチ運動や、アドベンチストではない運動に手を出すべきではありません。瞑想や精神統一に重きを置いた祈祷など、聖書に基づかず、神秘主義に根ざしている霊的訓練や霊性構築の方法は避けるべきですし、そのような習慣が推奨されている新興教会運動（emerging church movement）とも距離を置く必要があります。代わりに、聖書の揺るがない原則と大争闘史観に基づいた伝道方法やプログラムを提供するセブンスデー・アドベンチストの謙遜な牧師や伝道者、聖書学者、部局の指導者たちに目を向けるべきです。

戻るのではなく、前進しましょう。神の言葉を書かれているままに読むことに忠実でいましょう。わたしたちは常に、限界と罪のある被造物として、無限にして全能なる神の業を眺めているのだということを自覚しましょう。自然という神の偉大な書物にも、聖書にも、わたしたちが完全には理解できていない部分があります。しかし、主が憐《あわ》れみのうちに、明確な言葉で語られたことに関しては、懐疑的に理解するのではなく、神がそのようにおっしゃったのですから、事実として受け止める必要があります。エレン・ホワイトは次のように書いています。

聖書を誤って解釈しないように注意しなければなりません。神の言葉の明瞭な教えは、その実体が見失われるほど霊的に解釈されてはなりません。空想を満足させるために変わった考えを持ち出して、聖書の意味を歪《ゆが》めてはなりません。(聖書は、そのままに読むべきです)(8)

ですから、創世記の最初の一一章やほかの聖句を、寓話や象徴として誤解してはなりません。セブンスデー・アドベンチスト教会は、神が二四時間からなる一日を六日間続けて、(億という単位ではなく)ごく最近お造りになったと教え、信じています。また、この重要な教理に関する立場や信仰を変えることは決してありません。この教理を誤解したり、曲解したりすることは、神の言葉を否定し、聖霊の力をもって三天使のメッセージを宣布するようにと召し出された、セブンスデー・アドベンチスト教会の残りの教会としての存在を否定することになります。無神論的、あるいは理神論的進化論に傾いてはなりません。終わりの時には、第七日安息日を守ることが神の民を特徴づけるしるしとなるという預言の理解を保ち続けなければなりません。セブンスデー・アドベンチスト教会の一員として、聖書の文字通りの理解に基づく信仰の高い標準に関して、説明ができなければなりません。

エレン・ホワイトは、一九〇九年の世界総会において最後の説教をしました。説教を終えて、講壇から降りようとしていた彼女は、振り返って、大きな聖書を取り、震える手でそれを会衆の前に掲げながらこう言ったのです。「兄弟姉妹、わたしはこの本を勧めます」(9)

聖書の土台に固く立ち続けなければなりません。神の「聖書の民」として、聖書を読み、聖書によって生き、聖書を教え、高きところからの力によって聖書を伝えようではありませんか。

前進せよ

神の教会に属する皆さん、終わりの時が近づく今、神は「前進せよ」と命じておられます。キリストとその義とを高く掲げ、神の恵みを宣べ伝えるために、前進しましょう。三天使のメッセージを示すために前進しましょう。リバイバルと改革を求め、前進しましょう。聖書を書かれている通りに読み、前進しましょう。証の書の勧告に目を向け、聞き従い、前進しましょう。救いの良き知らせと、間もないイエス・キリストの再臨を伝えるために、前進しましょう。

神の恵みは、世界中の人々を導き、前進させています。どのような時も、公衆伝道への信念を保ち続けるべきです。神の恵みと三天使のメッセージの宣教は、あらゆる場所で人々に変化をもたらしています。わたしたちが語り、伝道のための活動をし、神の恵みを伝えることを通して、聖霊は再臨のすばらしいメッセージを聞く人たちの心に働きかけておられます。

わたしたちの教会は、美しい多様性を保ちながら、キリストと、天来の聖書のメッセージによって一致している教会です。世界中から集められた国際的な家族として、土台となる聖書の教理と聖霊とによって一つになって前進し、神の恵みを宣べ伝えています。

何とすばらしいメッセージを、世界に伝えるために託されているのでしょう。
何とすばらしい創造主でしょう。
何とすばらしい救い主でしょう
何とすばらしい大祭司でしょう。
何とすばらしい弁護者でしょう。
何とすばらしい友でしょう。
何とすばらしい神でしょう。

間もなく、人の手の半分ほどの大きさの、あの小さく黒い雲を目にすることでしょう。それは地上に近づくにつれ、大きく、明るくなっていきます。その雲は無数の天使たちであり、その中にはわたしたちが待ち望んでいたお方が座しておられるのです。王の王、主の主、わたしたちの救い主、イエス・キリストです。

わたしたちは目を上げ、「これこそわれらの神。このお方を待ち望んでいた」と言うでしょう。キリストは、わたしたちを見下ろし、おっしゃいます。「忠実な良い僕だ。よくやった。主人と一緒に喜んでくれ」

そして、わたしたちは空中で主にお会いするために上げられ、永遠に主と共にいることになります。再臨運動の旅路の美しい終結です。

帰郷の時は近いのです。あきらめるための時ではありません。この世が差し出しているものに心を向けるべき時ではありません。主を求め、自らを主に仕えるためにささげるべき時です。そのようにするわたしたちを、神は祝福してくださるのです。

（1）Ellen G. White, *Testimonies for the Church* (Oakland, CA: Pacific Press, 1902) 7: 138.
（2）『キリストへの道』八九ページ、文庫判、改訂第三版。

（3）『希望への光』一四六ページ。
（4）同ページ。
（5）同ページ。
（6）『セレクテッド・メッセージ1』二七九、二八〇ページ。
（7）同六、七ページ。
（8）同二二六ページ。
（9）Arthur L. White, *Ellen G. White*, 6:197.

おわりに

終わりの時とキリストの来臨が差し迫っている今、わたしたちの必要を満たしてくださるキリストにますますより頼んでいかなくてはなりません。わたしたちは、自らの救いと日々の必要を、キリストに依存しています。政治、経済、社会、気候、教会合同の動きを見れば、キリストが間もなくおいでになることがわかります。帰郷の時が近いのです。今こそ、ご自身の働きをすぐにでも終わらせるため、聖霊の後の雨を注いでくださるという神の約束を信じて、主に献身し、信仰の仲間たちと共にリバイバルと改革を謙遜に願い求める時です。

聖書を深く掘り下げ、神の言葉によって信仰が新たにされるという経験は、わたしたちに与えられた大きな特権です。私の心からの願いは、歴代誌下七章一四節で神が教えているように、神の残りの教会の一員であるわたしたちの一人ひとりが身を低くし、熱心に祈り、み言葉を通してキリストと共にあることを求めること、また、自分本位な望みから離れつつ、聖霊の支配に身を委《ゆだ》ねるようになることです。

神は、わたしたち一人ひとりをお用いになり、言葉と行いを通して、黙示録一四章にある三天使のメッセージが意味するすべてを宣べ伝えることを望んでおられます。それは、キリストとその義、聖所での働き、彼の安息日、神に対する真の礼拝と、差し迫ったキリストの来臨というメッセージです。

これは何という大きな祝福でしょうか。神は、この特権が与えられているわたしたちに、史上最も大規模な宣教の働きをお与えになりました。確実であるキリストの勝利の知らせを携え、彼とサタンとの大争闘の終結を全世界に告げるという働きです。キリストと一体となり、そのみ名によって人々に仕え、聖書の真理に関するセブンスデー・アドベンチストの尊いメッセージを証しできるということは、大きな祝福です。神は、わたしたちがさまざまなタイプの伝道方法を用いて、世界に神のメッセージを伝えるようにと命じておられます。

『各時代の大争闘』配布プロジェクトや、大都市での宣教、医療、ほかのあらゆる伝道手段を用いてなされている、セブンスデー・アドベンチスト教会の多様な証《あかし》の働きに参加していただきたいと思います。

大都市であっても、地方であっても、この良き知らせを何百万もの人々に伝えるため、力を貸してください。わたしたちは、証の書《ふみ》に説明されている方法を通して、都市部に住む人々にキリストについて語らなければなりません。証の書は、神がご自身の教会に与えられた書物であり、天から霊の導きを受けている、祝福に満ちたものです。

　都市部でイエスについて語ることが非常に難しいということに関して、エレン・ホワイトはこう述べています。「神が過去お与えになったメッセージが変化したわけではない。都市部での伝道活動は、今日非常に重要なものである。都市への働きかけが、神がなさるであろう形で進められるとき、その実りとして、わたしたちが今まで見たこともないほど力強い働きの開始がもたらされるだろう」(1)

　これこそ、わたしが心に抱いている大きな責任であり、すべての読者が同じ思いを抱くことを願っています。この書籍の売り上げから来る印税は、すべて都市部における包括的伝道活動にささげます。

　この本が聖書と証の書を指し示すものとなり、大いなる叫びをもって語るという、再臨運動の一人ひとりに託された大切な働きに読者を導き、キリストとより近く歩む助けとなることを祈りつつ。

セブンスデー・アドベンチスト世界総会総理

テッド・N・C・ウィルソン

（1）Ellen G. White, *Medical Ministry* (Mountain View, CA: Pacific Press, 1963), 304.

［著者］
テッド・N・C・ウィルソン

2010年7月よりセブンスデー・アドベンチスト教会の世界総会総理。父親は元世界総会総理ニール・C・ウィルソン、母親はエリノア・E・ウィルソン。
ウィルソン牧師は、牧会の働きを大ニューヨーク教区で始め、その後世界各地で行政者として奉仕してきた。その行政職には、アフリカ・インド洋支部総務局長、ユーロ・アジア支部総理、レビュー・アンド・ヘラルド社長などが含まれる。
妻はナンシー・L・V・ウィルソンで、2人の間には既婚の娘たち（エミリー、エリザベス、キャサリン）と5人の孫がいる。

［訳者］
長谷川 徹

三育学院カレッジ神学科助教

表紙画像 /Mark Bond

起きよ、光を放て。主は来たりたもう。

2016年11月1日　初版第1刷　発行

［著者］　テッド・N・C・ウィルソン
［訳者］　長谷川徹
［発行者］　島田真澄
［発行所］　福音社
〒190-0011 東京都立川市高松町 3-21-4-202
042-526-7342（電話） 042-526-6066（Fax）
［印刷所］　時兆社

　ISBN 978-4-89222-482-9